Between Rights and Virtue

The Tension of Two Kinds of Ethics of Justice and Its Resolution

正义

之思：自由主义与社群主义的对峙及出路

夏庆波 著

中国社会科学出版社

图书在版编目（CIP）数据

正义之思：自由主义与社群主义的对峙及出路／夏庆波著．—北京：中国社会科学出版社，2019.1

ISBN 978-7-5203-3998-8

Ⅰ.①正… Ⅱ.①夏… Ⅲ.①政治哲学—研究②马克思主义哲学—研究 Ⅳ.①D0②B0-0

中国版本图书馆 CIP 数据核字（2019）第 020834 号

出 版 人	赵剑英
责任编辑	王 琪
责任校对	冯英爽
责任印制	王 超

出　　版	中国社会科学出版社
社　　址	北京鼓楼西大街甲 158 号
邮　　编	100720
网　　址	http://www.csspw.cn
发 行 部	010-84083685
门 市 部	010-84029450
经　　销	新华书店及其他书店
印　　刷	北京明恒达印务有限公司
装　　订	廊坊市广阳区广增装订厂
版　　次	2019 年 1 月第 1 版
印　　次	2019 年 1 月第 1 次印刷
开　　本	710×1000　1/16
印　　张	11.75
插　　页	2
字　　数	172 千字
定　　价	49.00 元

凡购买中国社会科学出版社图书，如有质量问题请与本社营销中心联系调换
电话：010-84083683
版权所有　侵权必究

前　　言

正义作为表达人与人、人与社会以及人与自身之间恰当关系的最高范畴，一直是政治哲学所探讨的核心问题之一。20世纪70年代以降，约翰·罗尔斯《正义论》的发表在西方学界引发了数场影响广泛而深远的关于"正义"的政治哲学讨论。其中，至为引人关注的是麦金泰尔、桑德尔、泰勒和沃尔泽等学者以"社群主义"的理论姿态所发起的对自由主义正义理论的批判。社群主义乃是借用亚里士多德以降的智识传统主张共同体的善优先于个人权利，并以此为基础激烈批评自由主义从康德的自由观念出发对个人权利优先于共同体善的标榜。这就是说，社群主义正义的理论基础主要是以"共同体"为依归的亚里士多德主义，而自由主义正义的哲学基础是建基于"自我"之上的康德主义。不难发现，社群主义奉行整体主义的方法论，强调以"共同体"为本原；而自由主义则持守原子主义的立场，主张以"自我"为本原。但是，我们看到，无论是从整体主义抑或原子主义出发，都会造成主体与客体、自我与共同体、人与世界以及权利与德性之间的对峙，进而使得自由主义与社群主义正义理论都难以真正实现。

显然，正义问题的实质是人的问题，而人总是在一定的社会关系中从事对象性的实践活动的人。也就是说，正义是人类处于历史性生存中的一种内在价值，是人类对自身实践生存之合理性的不懈追问。可见，正义问题理应属于实践哲学问题。这样看来，尽管自由主义与社群主义正义理论彼此之间互为理论对手，但是它们似乎存在着一个共同的问题：两者都是以一种非实践哲学的方式来探究"正义"这一政治—实践哲学问题，这就使得解决个人与整体之间的对立成为一项不可能的任务。

主体与客体、自我与共同体、人与世界以及权利与德性之间的对峙是否无解？正义何以可能？有了上述对自由主义与社群主义正义理论的初步诊断，我们或许可以把理论目光转向马克思主义的实践观念及其哲学。按照马克思主义的观点，实践法则既非来自亚里士多德式的"共同体"，亦非源出康德式的"自我"，而是发端于人类的对象性活动。以这种实践观念为基础，马克思主义实际上重构了人类社会的本体性存在，创建了直面人的生存实践的真正的实践哲学。有鉴于此，本书进而尝试回答这一问题：马克思主义实践哲学是否可能扬弃人与世界之间的二元对立，并克服传统本体论哲学（康德主义与亚里士多德主义）所造成的主体与客体、自我与共同体、权利与德性之间的二元对立，从而为两者的当代传承自由主义与社群主义正义理论之间自20世纪晚近以来悬而未决的论争提供一种可能的解决方案？

目 录

第一章 导论 ………………………………………………… (1)
 第一节 正义研究的理论背景 ……………………………… (1)
 第二节 国内外学界的正义研究综述 ……………………… (4)
  一 国外学界的正义理论研究 …………………………… (4)
  二 国内学界的正义理论研究 …………………………… (10)
 第三节 本书的研究立场和基本结构 ……………………… (11)

第二章 政治哲学视野中的正义 …………………………… (16)
 第一节 社会秩序与正义 …………………………………… (18)
  一 社会秩序问题 ………………………………………… (18)
  二 正义的功能性目标：良序的社会 …………………… (23)
 第二节 人的自我实现与正义 ……………………………… (27)
  一 人的自我实现 ………………………………………… (28)
  二 正义的核心价值：人的自我实现 …………………… (31)

第三章 自由主义正义伦理的权利进路 …………………… (36)
 第一节 权利的起源及其本质 ……………………………… (37)
  一 权利的起源 …………………………………………… (37)
  二 权利的本质：一种消极自由的观念 ………………… (44)
 第二节 权利本位的社会秩序：权利与权力的辩证 ……… (48)
  一 作为权利之保障者的权力 …………………………… (50)
  二 作为权利之潜在侵犯者的权力 ……………………… (53)

第三节 权利正义观的局限 (63)
- 一 虚无主义 (64)
- 二 合法性的危机 (69)

第四章 社群主义正义伦理的德性进路 (74)
第一节 德性、至善与共同体（社群）(75)
- 一 德性的概念及其特点 (75)
- 二 至善与人生的目的 (78)
- 三 共同体（社群）(82)

第二节 德性本位的社会及其特点 (87)
- 一 德性本位的社会秩序 (87)
- 二 德性本位的社会之特点 (91)

第三节 德性正义观的局限 (99)
- 一 整体主义 (99)
- 二 道德中心主义与道德相对主义 (103)

第五章 权利与德性的统一：基于马克思主义实践哲学的正义生成 (111)
第一节 三种实践观及其哲学 (113)
- 一 康德主义的实践观及其哲学 (114)
- 二 亚里士多德主义的实践观及其哲学 (120)
- 三 马克思主义的实践观及其哲学 (126)

第二节 人的主体性与社会性的辩证统一 (133)
- 一 实践哲学中的人的主体性 (133)
- 二 实践哲学中的人的社会性 (139)
- 三 人的主体性与社会性的统一 (144)

第三节 生成的正义 (147)
- 一 自我实现的正义 (147)
- 二 社会整合的正义 (152)

结　语 …………………………………………………（157）

参考文献 …………………………………………………（162）

后　记 …………………………………………………（178）

第 一 章

导 论

第一节 正义研究的理论背景

正义是人类念兹在兹的基本价值。历史地看，从柏拉图到康德，从群体的正义理想到个体的正义诉求，人类对正义矢志不渝。换言之，尽管没有永恒的正义，但人类对正义的求索却是永恒的。之所以如此，乃是因为人类的正义追求，体现了人对自身的价值、尊严以及自我实现的渴望。诚如康德所言，"如果正义荡然无存，人类生活在这个世界，是否还有价值？"①

无疑，作为人类社会的永恒主题，正义问题构成了规范伦理学—政治哲学之一脉相承的核心理论关切。然而，自 20 世纪早期以来，哲学领域出现了分析哲学转向和语言哲学转向，科学主义也随之侵蚀到政治伦理领域。由是，人们逐渐开始对规范伦理学—政治哲学的科学特性产生怀疑，从而引发了政治伦理领域中的所谓元伦理学转向。"分析哲学的宰制之强大，足以让以道德价值为理论主题的伦理学演绎成为以道德命题的逻辑推演和道德语言的逻辑分析为全部知识目标的所谓'元伦理学'。对科学知识的真理追求几乎成为哲学的唯一主题。"②

---

① 参见［德］康德《法的形而上学原理——权利的科学》，沈叔平译，商务印书馆1991年版，第164页。译文略有改动。

② 万俊人：《罗尔斯的政治哲学遗产》（上），《马克思主义与现实》2006年第1期。

元伦理学以逻辑实证主义为基础，其根本的理论旨趣在于对道德术语进行抽象的、形式主义的逻辑分析，而把对任何实质性的道德原则的研究都排除在伦理学的话语体系之外。这样，在所谓的元伦理学的理论视野中，柏拉图之关于"理想国"的正义论说毫无价值，康德之关于"目的国"的正义命题也不值一哂。随着元伦理学的大行其道，规范伦理学—政治哲学在前者之"自然主义的谬误"的指控下日渐式微。1962年，以赛亚·伯林曾不无伤感地慨叹道："在20世纪，迄今尚无权威性的政治理论著作问世。"① 我们知道，一直到罗尔斯的《正义论》发表以前，以正义为鹄的的规范伦理学—政治哲学研究确实是长期地"荒芜了"（罗尔斯语）。

在这种政治伦理万马齐喑的局面下，思想者约翰·罗尔斯发出了振聋发聩的叩问："哲学怎么可以这样对于我们生活于其间的现实世界不闻不问？亚里士多德和康德的哲学真的已然死亡？"② 正是基于此，自20世纪中期以后，罗尔斯开始"以正义的名义"，进行了十年磨一剑的辛勤理论耕耘。罗氏的理论抱负在于创立一种作为实质性道德原则的正义理论。他这样写道："无论如何，仅仅在逻辑的真理和定义上建立一种实质性的正义论显然是不可能的。对道德概念的分析和演绎（不管传统上怎样理解）是一个太薄弱的基础，必须允许道德哲学如其所愿地应用可能的假设和普遍的事实。"③

1971年，具有里程碑意义的政治伦理著作《正义论》问世。毋庸置疑，罗尔斯的以正义为主题的政治哲学之诞生吹响了规范理论在当代复兴的号角。按照哈贝马斯的说法，"约翰·罗尔斯的《正义论》在最近实践哲学史上标志着一个轴心式的转折点，因为他将长期

---

① ［澳大利亚］乔德兰·库卡塔斯、菲利普·佩迪特：《罗尔斯》，姚建宗、高申春译，黑龙江人民出版社1999年版，第1页。
② 万俊人：《罗尔斯的政治哲学遗产》（上），《马克思主义与现实》2006年第1期。
③ 转引自龚群《当代西方道义论和功利主义研究》，中国人民大学出版社2002年版，第115页。

受到压抑的道德问题恢复到作为哲学研究之严肃对象的地位"①。

在《正义论》一书中，罗尔斯以正义为枢纽，通过对自由与平等、个人与国家、民主与秩序等一系列规范伦理学—政治哲学课题所进行的系统深刻的论证，力图为现代民主社会重建一种道德基础。《正义论》的出版带来了以正义为核心的规范伦理学—政治哲学研究空前繁荣的局面，甚至形成了一种所谓"罗尔斯产业"的学术景观。②自由主义内部、社群主义、西方马克思主义乃至于女性主义都纷纷对罗尔斯的正义理论做出了回应和批判，并且对正义问题做出了自己的诠释。

在自由主义内部，诺齐克坚持古典自由主义的进路，德沃金坚持平等主义的理想，与罗尔斯的平等自由主义展开了猛烈的交锋。然而，罗尔斯、诺齐克以及德沃金的理论之间尽管存在很大的不同，但是从根本上来说，他们的正义争论同属于自由主义家族内部之争。简而言之，他们的正义理论都是基于一种所谓的"权利基础论"（rights-based theory）。③

如果说20世纪70年代自由主义的内部争论构成了政治哲学的主流话语，那么自80年代以后，以麦金太尔为代表的社群主义与以罗尔斯为代表的现代自由主义之间关于正义的对峙则占据了政治哲学的中心舞台。自由主义从康德的自由观念出发，其正义理论的阿基米德点是个人及其权利；社群主义则主要借助于亚里士多德的理论资源，其正义理论的拱顶石是共同体的历史、传统、文化以及人的德性。④概而言之，自由主义正义伦理与社群主义正义伦理之间争论的实质是

---

① ［德］哈贝马斯：《理性公共运用下的调解》，载罗尔斯等《政治自由主义：批判与辩护》，万俊人等译，广东人民出版社2003年版，第15页。
② 万俊人：《政治自由主义的现代建构》，载罗尔斯《政治自由主义》附录，译林出版社2000年版，第561页。
③ 参见应奇《从自由主义到后自由主义》，生活·读书·新知三联书店2003年版，第2页。
④ 另外，黑格尔的思想也部分地构成了社群主义的理论渊源，尤其是激发了查尔斯·泰勒的灵感。

所谓的"权利政治"与"共同善政治"的对立，即作为个人伦理生活、社会制度安排之出发点的是"个人权利"（individual rights），还是"共同善"（common goods）。①

不难看出，自由主义与社群主义各执一端（个人或整体），并由此出发对正义理念作出了自己的理论阐释。这就是说，正是个人与整体之间的关系构成了政治哲学关于正义之争的基本向度。20 世纪 90 年代以后社会批判理论以及共和主义对正义讨论的介入实际上是这个问题的延续。

那么，究竟什么是正义？正义又何以可能？这些问题以及自由主义与社群主义之间的论争构成了本书对正义研究的基本理论背景。

第二节　国内外学界的正义研究综述

一　国外学界的正义理论研究

正义理论的发展是一个源远流长的历史过程。从古希腊到近现代，正义是贯穿于宗教、道德、法律、政治、经济等学说中的核心理念之一，甚至可以说，正义理念在一定程度上塑造了西方社会的伦理思想和政治法律制度。

（一）古希腊时期和中世纪的正义理论

在古希腊时期，正义理论处于伦理学、政治哲学的中心。尽管柏拉图和亚里士多德对正义的具体论述存在着差别，但是他们都认为正义的关键是人的一种趋向于共同体的德性；并且，对于个人生活和城邦政治来说，正义有着至高无上的价值。这种观点构成了古希腊思想家对正义理念的基本理解。在柏拉图看来，正义包括个人正义与城邦正义。个人正义意味着人的心灵中的三个部分——理智、激情和欲

---

① 参见俞可平《当代西方社群主义及其公益政治学评析》，《中国社会科学》1998 年第 3 期。

望——之间的和谐：理智和激情联合起来制服欲望。与之相对应，城邦正义意味着组成城邦的三个等级——统治者、卫国者和劳动者——各司其职，互不干涉，共同构成一个和谐的城邦社会。

与柏拉图相同的是，亚里士多德也把正义分为个人正义和城邦正义。在他看来，研究个人正义的，属于伦理学的范畴；研究城邦正义的，则属于政治学的范畴。就前者而言，正义是人的一种德性，"所谓公正，一切人都认为是一种由之而做出公正的事情来的品质，由于这种品质人们行为公正和想要做公正的事情。不公正的意思也是这样"①。就后者而言，"政治学上的善就是'正义'，正义以公共利益为依归。按照一般的认识，正义是某些事物的'平等'（均等）观念。在这方面，这种世俗之见恰好和我们在伦理学上作哲学研究时所得到的结论相同。简而言之，正义包含两个因素——事物和应该接受事物的人；大家认为相等的人就该配给到相等的事物"②。也就是说，城邦正义的基本原则是比例的平等，即政治权力的分配必须要以人们对构成城邦要素的贡献之大小为依据。一个人如果能够"得其所应得"，就意味着城邦正义的实现。

在中世纪，基督教思想家奥古斯汀和阿奎那以上帝的名义审视一切，上帝成为至善的化身。在奥古斯汀看来，"神就成为寻求的对象，我们把一切的安全感，都寄托在神身上，牢牢地把握住神，我们把一切的确定性，都寄托在神身上，要爱神，我们把一切的德性，都寄托在神身上"③。这就是说，具有"原罪"的人唯有依靠上帝的恩典，才能克服自身的罪恶，从而获得救赎和人生的幸福。

一般而言，在神学正义论看来，正义意味着服从实在法，但是这种世俗的实在法必须以上帝的永恒法为基础，换言之，上帝的意志是

---

① ［古希腊］亚里士多德：《亚里士多德全集》第8卷，苗力田译，中国人民大学出版社1994年版，第94页。
② ［古希腊］亚里士多德：《政治学》，吴寿彭译，商务印书馆1965年版，第148页。
③ 转引自范明生《晚期希腊哲学和基督教神学》，上海人民出版社1993年版，第389页。

衡量正义与否的标准。按照弗里德里希的说法，"阿奎那和他的那个时代确信社会的秩序犹如宇宙的秩序，或者毋宁说，他们把前者视为后者的反映和表征；因为整个世界基本上被视为由上帝为保障世界的有序运行而制定的法所安排的"①。同时，人们对于永恒法的认可又必须以对上帝的信仰为前提。因此，对于神学正义论来说，人们只有借助上帝赋予的理性，才能坚定对上帝的信仰，并进一步获得对永恒法的内在认同，从而实现个人生活和社会伦理的正义。

不难看出，从古希腊的柏拉图一直到中世纪的阿奎那，传统社会的正义理念立基于一种整体优先于个人的思想立场。共同体、宇宙大序以及上帝等具有浓厚整体主义色彩的观念支撑着前现代的正义理论，而个人的观念则付之阙如。这样，正义便沦为一种以整体的名义维护统治者利益的工具，其理论缺陷自然不言而喻。

（二）近代以来的正义理论

近代以前，由于社会的发展处于"人的依赖关系"阶段，个体意识没有觉醒；同时，思想家们出于对等级秩序的维护，也不可能将正义理念与个人权利、自由等概念联系在一起。近代以来，由于社会已经发展到"以物的依赖性为基础的人的独立性"阶段，个人的观念逐渐复苏。这样，自文艺复兴尤其是启蒙运动以后，思想家们开始赋予正义理论以新的内涵。总的来说，尽管不同思想家的正义观差异很大，但是他们的基本理论诉求却殊途同归：以个体的权利、自由来定义正义。在他们看来，正义的关键在于对个人基本自由权利的保障。

康德将其正义理论大厦建立在人类的意志自由这一假设之上。按照康德的观点，自由是人之为人的基本价值，而法律的意义正是在于确保人类的自由意志，否则就是非正义的。但是康德的自由并不意味着人的为所欲为。在康德看来，"任何一个行为，如果它本身是正义的，或者它所依据的准则是正义的，那么，这个行为根据一条普遍法

---

① ［美］卡尔·J. 弗里德里希：《超验正义：宪政的宗教之维》，周勇、王丽芝译，生活·读书·新知三联书店1997年版，第26页。

则,能够在行为上和每一个人的自由意志并存"①。也就是说,一个人的行为如果能和其他任何人的自由并存,那么任何人妨碍他实施该行为,就是侵犯了他的权利,是非正义的。

休谟侧重于从经济的角度研究正义。在《人性论》中,休谟强调,在人人都有自私的情感和贪得无厌的欲望并且自然资源和社会财富都很匮乏的情况下,正义是为了避免社会的崩溃而采取的一种人为措施或者说是人们之间达成的协议。在休谟看来,正义问题的核心是财产的规则及其实施。按照休谟的观点,正义最初体现为三条基本的自然法则:确保财物占有的法则、依据协议转让财物的法则和履行承诺的法则。不难发现,休谟的正义观带有十足的功利主义色彩。

威廉·葛德文则主要是从政治的角度来探讨正义。《政治正义论》系统地论述了社会正义的各项原则:政治民主、财富平等、个人独立、言论自由等。在葛德文看来,人们在社会生活中的非正义行为产生了对于国家政权的需要。一方面,国家政权应该制止人们在社会生活中的非正义行为,另一方面,政权的存在又给各种非正义提供了新的机会和诱因。总而言之,葛德文指出了政权的正义与否对社会生活的作用和影响,并批判了不正义政权的危害。葛氏对政权和正义之间关系的见解,对后来的正义理论产生了很大的影响。

显而易见,与古代社会恰恰相反,近代以来的西方正义观念片面地重视个人及其权利,因而对整体采取了一种工具主义的态度。这种强调个人权利的正义理论固然是一种巨大的历史进步,然而,由于其所谓的权利、自由、平等的抽象性,所以仍然不可能真正地解决正义问题。

(三)当代西方的正义理论

随着人类社会之现代化步伐的不断加快,人们的物质生活水平得

---

① [德]康德:《法的形而上学原理——权利的科学》,沈叔平译,商务印书馆1991年版,第40页。译文略有改动。

到了空前的提高，但是个人生活和社会伦理并未因此而变得完全正义。在当代西方社会，对正义问题的研究主要体现为：自由主义正义论、社群主义正义论以及西方马克思主义的正义理论。

罗尔斯、诺齐克、德沃金等是自由主义正义论的主要代表人物。作为平等自由主义正义观的旗手，罗尔斯认为，正义是"社会制度的首要美德"。针对激进自由主义思潮所引起的不正义现象，罗氏提倡一种"作为公平的正义"（Justice as fairness）。所谓的"公平的正义"，实际上是一种人们关于健全的、组织良好的社会合作体系之条件的观念，是自由主义框架内的兼顾自由和平等的正义观念之综合。罗尔斯之正义两原则的价值就在于，它将社会主义关于实质平等观念的某些要素纳入了借助公平合作体系观念来说明的自由主义正义概念中。①

与罗尔斯不同，哈耶克和诺齐克的激进自由主义强调的是程序的正义，而不是结果的正义。在他们看来，分配的正义性并不在于分配的最终结果是否平均，而在于分配的程序是否正当。正当的分配程序之根据应该是个人的自由权利。以上述立场为出发点，诺齐克把分配正义问题转换为财富持有的正义问题。诺氏的持有正义三原则是：获取正义、转让正义、矫正正义。他强调，只要人们获取和转让财富的手段和方式是正义的，那么他们就有资格拥有全部财富，而不能在有利于受惠者的原则指导下进行再分配。质言之，诺齐克的理论诉求在于重振洛克的天赋人权和个人自由理论。②

尽管自由主义关于正义的观念存在着重大的分歧，但是从个人及

---

① 参见［美］罗尔斯《正义论》，何怀宏、何包钢、廖申白译，中国社会科学出版社1988年版；［美］罗尔斯《政治自由主义》，万俊人译，译林出版社2000年版；［美］德沃金《认真对待权利》，信春鹰、吴玉章译，中国大百科全书出版社1998年版；［美］德沃金《至上的美德：平等的理论与实践》，冯克利译，江苏人民出版社2003年版。

② 参见［英］哈耶克《自由秩序原理》（上、下），邓正来译，生活·读书·新知三联书店1997年版；［英］哈耶克《法律、立法与自由》（第一、二、三卷），邓正来等译，中国大百科全书出版社2000年版；［美］诺齐克《无政府、国家与乌托邦》，何怀宏等译，中国社会科学出版社1991年版。

其权利出发来探讨正义却是其理论之共同特点。无疑,自由主义秉承了古典自由主义权利优先的自由传统。然而,在"权利优先于善"的价值预设下,个人权利的霸权话语使公共责任束之高阁,因此,正义只能是一种"幻象"(哈耶克语)。毫无疑问,新自由主义仍然没有触及正义问题的实质。

社群主义对于自由主义的这一缺陷洞若观火。作为社群主义的主要代表,麦金泰尔、桑德尔、泰勒以及沃尔泽等认为,共同体的善是最高的善,共同体的历史、传统、文化等因素在人类生活中具有某种基础性的意义。以这一思想立场为起点,社群主义针对当代西方社会道德危机的现实,批判了现代自由主义的以原子主义为特征的权利正义理论,并且希望通过弘扬亚里士多德的德性正义论传统来摆脱自由主义的困境。[①]

社群主义强调共同体、整体对于个人的意义,这无疑具有很大的合理性,因为任何"自我"都是社会历史地形成的,脱离社会关系的抽象的个人是不存在的。从这个意义上说,应当是共同体决定个人。然而,如果一味地强调共同体对个人的优先性,就会抹杀个性,压制个人的能动作用。因此,社群主义正义观从整体的观点出发而建构的正义理论依然难以摆脱失败的命运。

20世纪70年代在英国和美国兴起的"分析的马克思主义"思潮,很大程度上是源于对马克思正义观的争论。他们对正义的探究主要包括两个方面:一是对马克思正义论(特别是剥削理论)的讨论;二是从马克思主义的立场出发对当代自由主义正义论进行批判。1972年。A. W. 伍德发表了长篇论文《马克思对正义的批判》,揭开了

[①] 参见[美]麦金太尔《德性之后》,龚群、戴扬毅等译,中国社会科学出版社1995年版;[美]桑德尔《自由主义与正义的局限》,万俊人等译,译林出版社2001年版;[加]泰勒《自我的根源:现代认同的形成》,韩震等译,译出版社2001年版;[美]沃尔泽《正义诸领域:为多元主义与平等一辩》,储松燕译,译林出版社2002年版;[美]丹尼尔·贝尔《社群主义及其批评者》,李琨译,生活·读书·新知三联书店2002年版。

"分析的马克思主义"讨论马克思主义正义观的序幕。以此为开端，在"分析的马克思主义"内部形成了两派对峙的观点：一方以伍德、布坎南等为代表，主张"马克思反对正义"；另一方以柯亨等人为代表，认为"马克思赞成正义"。这两派对马克思正义观的论述各执一词，总体上背离了马克思主义的科学批判精神，没有能够正确领会马克思分析批判正义问题的历史主义方法论的精神实质。

二 国内学界的正义理论研究

近年来，随着我国改革开放之力度的逐步加大和社会结构转型的全面展开，正义问题已经引起广泛的关注。国内学界对正义问题所进行的思考大致包括以下几个方面。

其一，对西方正义理论的翻译、梳理和评论。20世纪80年代以后，国内学者开始不遗余力地翻译相关的西语资源，如自由主义、社群主义和社会批判理论的代表性著作。除此之外，也对西方思想史中的正义理论作了大量的梳理和评论工作。这些成果大多以文章的形式发表，专著也不少见。例如，廖申白的《论西方主流正义概念发展中的嬗变与综合》梳理了从古代正义观到近现代各个正义观的演变；韩震的《公共社团主义的兴起及其理论》是国内学界对社群主义最早的系统介绍；何怀宏的《契约伦理与社会正义——罗尔斯正义理论中的历史与理性》是国内对罗尔斯《正义论》的最好研究；俞可平的《社群主义》是对社群主义系统、全面的介绍；姚大志的《现代之后》对历史中的正义进行了深刻的分析；应奇的《从自由主义到后自由主义》探讨了自由主义与社群主义理论争锋，并从消极自由与积极自由的角度，阐明了程序主义政治观对自由主义与共和主义两种传统的综合和超越；韩水法主编的《社会正义如何可能——政治哲学在中国》收录了汪晖、甘阳、刘小枫、秦晖、邓正来、崔之元、林毓生等学者关于正义的论文。

其二，对马克思恩格斯正义观的研究。学者们认为，非马克思主义的正义理论建立在唯心史观的基础上，割裂了正义观与社会历史的有机联系，其理论要害是对私有制以及剥削压迫的肯定。而在马克思、恩格斯看来，正义观念、法的观念是社会存在的反映，是社会经济结构、阶级结构的反映，不同阶级有不同的正义观念。马克思主义的正义意味着人类的解放、人性的全面发展和自由平等的充分实现。因此，马克思主义在唯物史观的基础上，为人类正义的实现指明了方向。这些研究多是以论文形式发表的。专著主要有胡真圣的《两种正义观——马克思、罗尔斯正义思想比论》

其三，从马克思主义立场出发对正义理论的研究。相关的专著主要有胡海波的《正义的追寻》。该书认为，人的正义追求源于人是自我创造的历史存在，正义在实质上是人理想性存在的真正标准与最高原则，其真正主题是人自身的发展与人性的完善。人类的正义观分为三种基本形态，即人的群体依赖性时代的群体本位正义观、人的个体独立性时代的个人本位正义观、人的自由个性时代的人类本位正义观。

总的来说，到目前为止，尽管国内学界关于正义理论的研究取得了一定进展，出现了一些研究成果，但是总体上还处于起步阶段。无论是对正义的内涵、价值、目标以及实现目标等问题的探讨，抑或是着眼于国内现实的正义伦理的建构，都有相当多的工作需要去做。

第三节　本书的研究立场和基本结构

正义问题的实质是人的问题，而人总是"现实的个人"，是在一定的社会关系中从事对象性的实践活动的人。也就是说，人的实践本质决定了人类的正义追求及其实现。质言之，正义是人类处于历史性生存中的一种内在价值，是人类对自身实践生存之合理性的追问。显而易见，正义问题属于实践哲学的研究领域。按照施特劳斯的说法，"实践科学（实践哲学）只关心人，亦即能作为自我意识的存在或'行为'源泉的人；就依赖于人的意志而言，人的行为在本质上是变化的。实践科学的目的不是知识而是行为的改善；其智力是灵魂的理性部分中的谋算或实践的部分,用亚里士多德的术语就是'实践的智慧'或'智虑'"①。无疑,只有在实践哲学的理论视野中才能真正地理解正义。然而,无论是自由主义还是社群主义都是以一种非实践哲学的方式(自由主义立足于先验的自我意识,而社群主义则奉绝对的共同体为圭臬)来研究正义这一实践哲学问题。而"所谓实践哲学的方式,就是不同于理论哲学以永恒必然的东西为对象,以求取作为理论智慧的普遍原理,而是以可变的生活实践为对象,以求取能够指导具体生活的非普遍的生活智慧"②。有鉴于此,本书将立足于马克思主义实践哲学的理论立场,从生活实践的观点出发,力图揭示正义的品格及其实现路径。

另外,尽管马克思、恩格斯没有正面阐述过自己的正义理论,但是他们毕生致力于对资本主义社会的非正义现象批判。马克思主义哲学的基本目标就是在高度发达的经济基础之上消灭一切非正义的现象,实现全人类的解放、自由以及正义。显然,从马克思主义哲学尤其是马克思主义的实践哲学立场出发,研究正义问题,不仅具有可行性,而且具有必要性。

本书围绕着"什么是正义",以及"如何实现正义"的问题,共分四章(即第二章至第五章)进行论述。

第二章通过对正义与社会秩序以及人的自我实现之间关系的剖析,揭示了政治哲学视野中的正义的基本内涵:正义是以人的自我实现为核心的社会的有效整合。一方面,从社会的角度来看,正义是社会秩序的整合;另一方面,从个人的角度来看,正义意味着人的自我实现。如果说前者体现了正义的工具价值的话,那么后者则构成了正义的核心价值。本书正是以这样一种正义概念为参照和基准,对自由主义正义理论和社群主义正义理论的成败得失作出评价,并试图指明

---

① [美]列奥·施特劳斯、约瑟夫·克罗波西:《政治哲学史》(上),李天然译,河北人民出版社1998年版,第125页。

② 王南湜:《实践哲学视野中的社会正义问题——一种复合正义论论纲》,《求是学刊》2006年第3期。

正义的生成路径。

第三章着重分析了自由主义的权利正义观。自由主义把人的权利视作正义观念的阿基米德支点。按照自由主义的观点，人的自我价值以及良好的社会秩序只有通过对个人权利的张扬才能得到实现。其一，人只有拥有自我占有、自由选择的权利才意味着自我价值得到了实现；其二，社会整合也是以人的权利为依据的，社会秩序的形成是具有同等权利的个体之间达成的契约、规则的结果。自由主义权利正义观彰显了正义理论的权利之维。毋庸置疑，权利是正义的一个不可或缺的维度，然而，它远远不是正义的全部内涵。自由主义权利正义观的限度表明，正义的实现还需要人的德性的支持。

第四章着重分析了社群主义的德性正义观。社群主义把人的德性视作正义理论的拱顶石。在社群主义的理论地平线上，如果说人的自我实现意味着个体对德性、传统以及共同体之整体价值的体悟和切近的话，那么，社会的整合则是建立在具有德性的个体对共同体的内在认同的基础之上。社群主义德性正义观突出了正义的德性之维。但是，社群主义的正义建构也存在着致命的缺陷，这种理论似乎步入了另一个极端：德性、共同体、传统成了正义的全部，"权利"沦为"至善"的附属品。这样，和自由主义的命运相同，正义的理想对于社群主义来说也是不可能完成的任务。

正义何以可能？第五章尝试对这个问题作出回答：只有以马克思主义实践哲学为基础，从生活实践的观点出发，才有可能实现权利与德性的辩证统一，从而实现正义。概而言之，正义的实现是一个实践中的生成过程。

从第三、四两章可以看出，从权利出发而偏废德性，或者相反，都是片面的，无论从人的自我实现的角度来看，还是从社会整合的角度来看，都不会带来真正的正义。实际上，权利正义观之短正是德性正义观所长，反之亦然，这意味着权利维度和德性维度应该是互补的。这种互补性表明，只有将这两个维度综合在一起，才可能达成对正义的完整描述。换言之，完整的正义是人的权利和德性之间的统一。

据前所述，权利正义观的核心是个人主义，德性正义观的要旨则是整体主义。这就是说，权利与德性之间关系的实质是个人与整体之间的关系。

如果说自由主义权利正义观的哲学基础表现为一种康德主义的话，那么，社群主义德性正义观的哲学基础则表现为一种亚里士多德主义。在康德主义看来，作为伦理范畴的实践是一种体现了人的自我立法性的活动。从这样的实践观出发，康德主义道德哲学的理论大厦是建立在一种先验的"自我"观念的基础之上。因此，康德主义哲学是一种先验的主体形而上学。在这种哲学的视域中，个人与整体之间必然是一种以自我为核心的抽象同一关系；而在亚里士多德主义看来，实践则是一种体现了人的趋向于整体善的目的性的活动。从这样的实践观出发，亚里士多德主义道德哲学把一种绝对的、本体化的共同体以及至善观念作为理论的基础。因此，亚里士多德主义哲学是一种思辨的客体形而上学。在这种哲学的视域中，个人与整体之间必然是一种以整体为核心的抽象同一关系。

那么，个人与整体、权利与德性之间如何才能实现真正的统一呢？毋庸讳言，只有在马克思主义实践哲学的基础上才能实现两者之间的辩证统一。

马克思主义哲学视野的实践是一种以物质生产活动为基础的具有生存意蕴的实践。从这样的实践观出发，与康德哲学和亚里士多德哲学把一种实体化的本体（自我或者共同体）作为理论的基础不同，马克思主义哲学的基石就是实践本身。不难看出，马克思主义哲学才是一种真正的实践哲学。这种实践哲学从人的对象性的实践活动出发，克服了传统本体论哲学所造成的理性主义弊端，扬弃了主体与客体之间、个人与世界之间的二元对立。显然，只有在这种以人的对象性的实践活动为基础的马克思主义哲学中，个体与整体之间才有可能实现统一。

如果说，权利与德性之间统一的实质是个体与整体之间的统一的话，那么，个体与整体之间的统一则又表现为人的主体性与社会性之间的统一。按照马克思主义的观点，一方面，实践使人具有主体性、能动性、个体性的品质；另一方面，实践又使人具有社会性、受动性、整体性的特征。显而易见，在马克思主义实践哲学的视野中，人的主体性与社会性、个人与整体、权利与德性之间能够实现一种辩证的统一。

总而言之，正义的实现实际上是一个实践中的生成过程。无论从人的自我实现的角度，还是从社会秩序的整合的角度来看，这种在实践中生成的正义都体现为一种人的权利与德性之间的辩证统一。

最后是简短的结语。对于正在经历着从传统到现代、从农业到工业、从计划到市场之深刻转型的中国社会而言，关于正义问题的探讨无疑具有极为现实而深远的意义。当今中国，市场经济的结构性转变、民主政治的体制性改革以及体现在道德、信仰、文化等各个方面的多元价值之差异与紧张，无不关乎着个人伦理生活以及社会基本结构与制度安排的正义。总而言之，只有实现了正义的两种价值，小康社会的图景才有可能全面地成为现实。而无疑，这需要付出一定的艰辛努力。

第二章

政治哲学视野中的正义

正义作为表达人与自然、人与人、人与社会以及人与自身之间恰当关系的最高范畴①，一直是政治哲学、经济哲学、伦理学乃至法理学等学科所探讨的核心问题之一。"谁不在争取正义？谁能不受正义问题的影响？政治制度、宗教、科学——特别是伦理学、法理学和政治理论——全都关心正义问题，而且全都渴望有一个按照它们的特殊概念来看是正义的世界。……我们谋求有公正的制度和在一切人际关系中有正义。总之，正义是一个无处不在的问题。"②毫无疑问，正义乃是诸多学科关注的焦点。然而，不同时代、不同立场的思想家们从各自的学科视野出发，对正义作出了见仁见智、机杼独出的阐释，这就使得正义呈现出了一张所谓的"普洛透斯似的"③面孔。正如庞德所言，"正义一词不止有一种含义。在伦理学上，我们可以把它看成是一种个人美德或是对人类的需要或者要求的一种合理、公平的满足；在经济和政治上，我们可以把社会正义说成是一种与社会理想相符合，足以保证人们的利益与愿望的制度；在法学上，我们所讲的执行正义（执行法律）是指在政治上有组织的社会中，通过这一社会的

---

① 人与自然之间的关系是正义问题的一个重要论域，但由于篇幅所限，本书对生态正义不作考量——笔者注。

② [英]麦考密克、[奥]魏因贝格尔：《制度法论》，周叶谦译，中国政法大学出版社2004年版，第249页。

③ [美]博登海默：《法理学：法律哲学与法律方法》，邓正来译，中国政法大学出版社2004年版，第261页。

法院来调整人与人之间的关系及安排人们的行为"①。

本书拟讨论的是政治哲学视野中的正义问题。作为对人类社会政治生活的哲学追问,政治哲学"主要关注的是人类政治生活的意义和价值的问题,特别是道德价值的问题。在这个意义上说,它是人类对于自身的社会生存的方式及其规范、意义的思考,是对于政治正义的信念和追寻"②。显然,正义构成了政治哲学话语的"最高理念"③。换言之,政治哲学的核心是政治的正义性。"从概念上廓清政治的正义性观念,尽可能使它成为可应用的标准,成为正义原则,一直是哲学的最高任务。甚至无论是柏拉图、亚里士多德,或是后来的奥古斯汀、托马斯·阿奎那、威廉·奥卡姆,还是近代的霍布斯、斯宾诺莎、洛克、卢梭、康德、黑格尔和马克思,也就是说,直至欧洲启蒙时代结束后的一段时间里,所有伟大的哲学家,往往都是重要的法和国家的思想家。反过来说,法和国家理论主要是由哲学家写成的,其中,道德的观点,即政治的正义性,起了核心作用。"④ 奥特弗利德·赫费如是说。

我们知道,个人与社会构成了政治哲学中的两极,因此,在政治哲学的视野中,正义应该包括下述两方面的内涵:首先,从个人的角度来看,正义意味着社会的有效整合,正义的社会是一个具有良好秩序的社会;其次,从社会的角度来看,正义意味着人的自我实现,正义的人是实现了自我价值、获得了人之为人的规定性与尊严的人。如果说社会整合、社会秩序是正义的功能性目标的话,那么,人的自我实现则构成了正义的核心价值,是正义追求的起点和终点。也就是说,社会整合、社会秩序必须以人的自我实现为前提和基础。

---

① [美] 庞德:《通过法律的社会控制——法律的任务》,沈宗灵、董世忠译,商务印书馆1984年版,第73页。
② 刘晓:《政治哲学初探》,《政治学研究》2000年第3期。
③ 万俊人:《关于政治哲学几个基本问题研究论纲》,《天津社会科学》2004年第2期。
④ [德] 奥特弗利德·赫费:《政治的正义性:法和国家的批判》,庞学铨、李张林译,上海译文出版社1998年版,第3页。

第一节　社会秩序与正义

从社会的角度来看，正义意味着社会整合的实现。建构一个具有良好秩序的社会，是正义的功能性目标。本节着重考察社会秩序问题及其与正义之间的关系。

一　社会秩序问题

（一）秩序和社会秩序问题

任何社会都必然面临着秩序的问题。按照库利的说法，"脱离了社会秩序就没有人的存在，人只能通过社会秩序来发展自己的个性，并且随着社会的发展而发展"①。人类社会从诞生到现在，为建立良好的秩序而不断地进行探索和实践。博登海默这样写道："历史表明，凡是在人类建立了政治或社会组织单位的地方，他们都曾力图防止出现不可控制的混乱现象，也曾试图确立某种适合于生存的秩序形式。"② 从柏拉图的"理想国"到罗尔斯的"良序社会"（well-ordered society），人们对秩序问题的追问实际上表达了人类力图超越现实、追求美好生活的愿望。

"秩序"一词被广泛地应用于社会诸领域，它是"反映社会政治、经济和日常生活有序性的基本范畴"③。与无序、混乱相对，秩序表征了一种比较稳定的社会状态。也就是说，社会秩序是一种规范社会关系、调整人类行为的规范和制度，是"社会得以聚结在一起的方式"④。简而言之，一种社会关系的建立和发展，实际上就是一定的

---

① ［美］查尔斯·霍顿·库利：《人类本性与社会秩序》，包凡一、王源译，华夏出版社1999年版，第297—298页。
② ［美］博登海默：《法理学：法律哲学与法律方法》，邓正来译，中国政法大学出版社2004年版，第228页。
③ 邢建国、汪青松、吴鹏森：《秩序论》，人民出版社1993年版，第2页。
④ ［美］李普塞特：《一致与冲突》，张华青等译，上海人民出版社1995年版，第12页。

社会秩序的建立和运行过程。

对于人类来说，社会秩序是社会生活的基本前提条件，具有不可或缺的作用，"在社会公共生活领域里，正义的秩序和实践是建立这一领域并确保其有序展开的前提和基础"①。因为只有有了一定的良好社会秩序，人类自身的存在、延续、发展以及美好生活的实现才能够成为可能。换句话说，人类社会的维系和发展不可能离开秩序的存在，任何社会都必须在一定的秩序轨迹上运行。不难看出，作为人类生活的前提性价值，社会秩序的"存在是人类一切活动的必要前提。除了极少数试图从混乱中渔利的坏人，绝大多数人，不管他来自哪个阶级、阶层，担任任何社会角色，都希望有某种秩序的存在。秩序构成了人类理想的要素和社会活动的基本目标"②。可以说，从古至今，人们为了生活的幸福，不懈地追求着和谐的社会秩序，这一追求贯穿了人类文明的整个发展过程。

也正是因为社会秩序是社会生活得以可能的前提条件，因此，无论是在传统社会还是在现代社会，任何探讨社会生活本质的理论几乎无不关涉社会秩序问题。无疑，社会秩序问题是政治哲学的一个基本问题，"政治哲学不是纯粹的思辨，它必须关注社会所追求的特定目标和以符合这种目标的方式把社会加以组织、整顿和建设的问题。换句话说，也就是政治秩序的问题"③。

在政治思想史上，社会秩序问题的首次系统理论表述是所谓的"霍布斯问题"。"霍布斯问题"的基本含义是：人们在合理地追求自己的私人利益的过程中，如何可能保持社会的稳定和有序，而不陷入"所有人反对所有人的战争之中"④。概而言之，社会秩序问题的核心是众多关怀自己、从自身利益出发而行动的个人，如何可能相互合作

---

① 万俊人：《从政治正义到社会和谐》，《哲学动态》2005 年第 6 期。
② 张文显：《法哲学范畴研究》，中国政法大学出版社 2001 年版，第 195 页。
③ 刘晓：《政治哲学初探》，《政治学研究》2000 年第 3 期。
④ 参见［英］霍布斯《利维坦》，黎思复、黎廷弼译，商务印书馆 1985 年版，第 92—97 页。

从而形成有序的社会生活。换言之,"社会秩序何以可能"的问题根源于"社会生活何以可能"的问题:社会生活的本质在于,人们之间为了自己的利益而进行交往合作。而交往合作是通过稳定的社会关系和社会秩序来实现的,所以,社会秩序构成了社会生活的前提和基础。"社会之所以成其为社会,是因为其有着自身的秩序即社会秩序,也就是说,社会乃是因其秩序而构成,因而社会秩序构成了社会的基础和本质。"[1] 从这个意义上来说,社会的本质就是一种按照一定秩序组织起来的,并且按照这种秩序运行的组织系统。

(二) 社会秩序问题的实质及其形成

不难看出,社会秩序问题的实质是个人与社会之间的关系问题。实际上,人类自诞生以来,对社会根本问题的思考就集中于个人和社会之间的关系。鲍桑葵正确地看到:"个人与社会的关系是一切社会问题的根源。"[2]

马克思主义哲学对人与人、人与社会之间的关系以及社会秩序问题产生的根源的论述是"从现实的、有生命的个人本身出发"[3] 的。按照马克思主义的观点,整个人类的历史就是一部人的需要之不断满足和不断发展的历史。现实的人的一切活动都是源于人的需要,"任何人如果不同时为了自己的某种需要和为了这种需要的器官而做事,他就什么也不能做"[4]。无疑,除了极少数对象(如阳光、空气等)之外,人的需要都必须借助自身的实践活动才能得到满足。这就是说,正是因为有了需要,才有了人的对象性的实践活动,需要是人的一切活动的动力。马克思和恩格斯这样写道:"我们首先应当确定一切人类生存的第一个前提,也就是一切历史的第一个前提,这个前提

---

[1] 高懿德、张益刚:《论"霍布斯的秩序问题"》,《齐鲁学刊》2001年第3期。
[2] [英] 鲍桑葵:《关于国家的哲学理论》,汪淑钧译,商务印书馆1995年版,第78页。
[3] 马克思、恩格斯:《马克思恩格斯选集》(第1卷),人民出版社1995年版,第73页。
[4] 马克思、恩格斯:《马克思恩格斯全集》(第3卷),人民出版社1956年版,第286页。

是：人们为了能够'创造历史'，必须能够生活。但是为了生活，首先就需要吃喝住穿以及其他一些东西。因此第一个历史活动就是生产满足这些需要的资料，即生产物质生活本身"①；"人们决不是首先'处在这种对**外界物**的理论关系中'。正如任何动物一样，他们首先是要**吃、喝**等等，也就是说，并不'处在'某一种关系中，而是**积极地活动**，通过活动来取得一定的外界物，从而满足自己的需要。（因而，他们是从生产开始的。）"②

从需要的观点和实践的观点出发，马克思主义认为，人是处在一定的历史条件下、一定的社会关系中的。按照马克思、恩格斯的说法，"以一定的方式进行生产活动的一定的个人，发生一定的社会关系和政治关系"③；"人即使不象亚里士多德所说的那样，天生是政治动物，无论如何也天生是社会动物"④。因为，离开人与人之间的社会关系，实践活动就无法进行，人的各种需求也就无法得到满足。可以看出，人的实践本质决定了人的社会性特征，个人的生活离不开他人，离不开社会。质言之，个人只有同他人进行一定的交往、合作，才能够生存下去。

同时，在社会生活中，人与人之间不仅存在着交往、合作的一面，而且，由于人们在社会利益、价值目标乃至情感取向等方面的差异与对立，也导致了人与人、人与社会之间不同程度的矛盾和冲突。

总的来说，在生活实践中，人们之间的交往合作需要社会秩序，人们之间的矛盾冲突更需要社会秩序。这样，社会秩序问题便产生

---

① 马克思、恩格斯：《马克思恩格斯选集》（第1卷），人民出版社1995年版，第78—79页。

② 马克思、恩格斯：《马克思恩格斯全集》（第19卷），人民出版社1963年版，第405页。

③ 马克思、恩格斯：《马克思恩格斯选集》（第1卷），人民出版社1995年版，第71页。

④ 马克思、恩格斯：《马克思恩格斯全集》（第23卷），人民出版社1972年版，第363页。

了。有鉴于此，为了使人类的生存和社会生活成为可能，就必须建立一种稳定的社会秩序，以解决各种矛盾冲突，调节人们之间的社会关系。

那么，良好的社会秩序、有效的社会整合应该通过什么方式才能获得？

诚然，单纯地依靠强制的手段也能获得一种社会秩序，但是显然这种社会秩序的获得缺少一种合法性、正当性的基础。按照哈贝马斯的看法，"合法性意味着，对于某种要求作为正确的和公正的存在物而被认可的政治秩序来说，有一些好的根据。一个合法的秩序应该得到承认。合法性意味着某种政治秩序被认可的价值"①。无疑，如果像霍布斯那样，用绝对的"利维坦"作为社会秩序的最后保障，其实质是将国家凌驾于个人之上，由此而形成的社会秩序只能是一种专制的秩序。这种建立在纯粹强制力的基础之上的社会秩序虽然也有一定程度的稳定性，但是不具有合法性。换言之，这种稳定性必然是短暂的，不可能长期地保持。正如韦伯所说，"单纯建立在压制、习俗或兴趣等基础上的秩序"，"是不会太牢靠的"②。

因此可以说，良好社会秩序的获得需要以一种合法性作为其内在支撑。"惟有在社会体制及秩序的合法性获得确认时，这种社会系统及社会的秩序才可能获得其成员的支持，并由此取得稳定的形态。"③

如果说，良好的秩序是一个社会健全的标志，那么，社会秩序的正当性、合法性根据从何而来呢？答案是：恰恰是正义为社会秩序是否具有合法性提供了一块试金石。正如赫费所言："替代只充当统治象征的利维坦位置的是公正，它的统治象征，剑，一开始就是为正义

---

① [德]哈贝马斯：《交往与社会进化》，张博树译，重庆出版社1989年版，第184页。
② 转引自[德]哈贝马斯《交往行为理论》（第1卷·行为合理性与社会合理化），曹卫东译，上海世纪出版集团、上海人民出版社2004年版，第182页。
③ 杨国荣：《道德与社会整合》，《天津社会科学》2001年第5期。

服务的。"①

二 正义的功能性目标：良序的社会

正义是人类社会具有永恒价值的基本理念，人类社会的文明史其实就是一部追求正义的历史。

如前文所述，正义构成了社会秩序的正当性、合法性基础。一方面，"政治正义能够提供一种普遍公正和持久稳定的生活秩序，满足人们对稳定生活的秩序期待"②。另一方面，良序的社会也"必须是一个正义的社会，没有基本的公平正义，不仅无法确保社会的基本秩序，而且连社会本身的存在也不可能"③。历史地看，对良序社会的探寻正是人类之正义追问的基本理论诉求。

对古希腊人在混沌未开中所萌发的正义观念之最早书面表达是荷马史诗。荷马史诗中的"dike"一词，后来就一直被译为英文中的"justice"④。按照荷马史诗的观点，正义的基本含义是指事物之间的秩序，这是一种由神的力量所维系着的宇宙万物之间的平衡、和谐以及稳定关系。在古希腊，"dike"一词预设了一个基本的前提，也就是说，宇宙有一种单一的基本秩序。这一秩序使得自然和人类社会都有了一定的结构，宇宙间的万事万物按照这一秩序来规导自己的存在以及行动，就是正义的实现。⑤ 荷马史诗的这一观点表达了最原始的正义观念，也表达了人们对正义的向往和永恒追求。

在这种原始的正义观念的影响下，前苏格拉底时期的正义观基本上都是一种宇宙论的秩序观。阿那克西曼德认为，在宇宙万物的变化中，每种原素都有一定的比例并且要扩大自己的比例，然而有一种必

---

① [德] 奥特弗利德·赫费：《政治的正义性：法和国家的批判》，庞学铨、李张林译，上海译文出版社1998年版，第9页。
② 万俊人：《从政治正义到社会和谐》，《哲学动态》2005年第6期。
③ 同上。
④ [美] 麦金太尔：《谁之正义？何种合理性》，万俊人、吴海针、王今一译，当代中国出版社1996年版，第19页。
⑤ 同上书，第19—20页。

然性或者说自然规律在永远地校正着这种平衡,"万物由之产生的东西,万物又消灭而复归于它,这是命运规定了的。因为万物在时间的秩序中不公正,所以受到惩罚,并且彼此互相补足"①。毕达哥拉斯也将秩序、和谐与正义联系在一起。在他看来,世界"一定要公正。不公正,就破坏了秩序,破坏了和谐,这是最大的恶"②。总的来说,根据古希腊人的观念,每种事物都有它的规定地位和职责,一旦某种事物突破了它的界限,就会有一种超人类的法则来惩罚这种侵犯,恢复被侵犯者所破坏了的永恒的秩序,而这种永恒的秩序就是正义。罗素在《西方哲学史》中对古希腊人的正义观作了这样的描述,"在哲学开始以前,希腊人早就对于宇宙有了一种理论,或者说感情,这种理论或感情可以称之为宗教的或伦理的。按照这种理论,每个人或每件事物都有着他的或它的规定地位与规定职务。但这并不是取决于宙斯的谕令,因为宙斯本人也要服从这种统御着万物的法令。这种理论是和命运或必然的观念联系在一起的。它特别被人强调地应用于天体。但是凡有生气的地方,便有一种趋势要突破正义的界限;因此就产生了斗争。有一种非人世的、超奥林匹克的法则在惩罚着放肆,并且不断地在恢复着侵犯者所想要破坏的那种永恒秩序"③。

　　人类社会作为宇宙万物的一个部分,当然也必须要维持自身的平衡、和谐和秩序。随着苏格拉底把哲学由天上带到人间,古希腊思想家们的正义观念也逐渐从宇宙转向了人类社会,正义成为专门处理人与人、人与社会之间关系的最高价值准则。这种正义准则的基本目标就是达到社会的平衡、和谐和秩序。按照拉法格的看法,"正义的观

---

　　① 北京大学哲学系外国哲学史教研室编译:《古希腊罗马哲学》,商务印书馆1961年版,第7页。
　　② 转引自李小科《现代西方政治哲学视野中的和谐社会》,《中共中央党校学报》2005年第2期。
　　③ [英]罗素:《西方哲学史》(上卷),何兆武、李约瑟译,商务印书馆1963年版,第154页。

念用毕达哥拉斯的公式表达就是：不要破坏天平盘上的平衡，——天平秤自从被发明起时便成了正义的形容语"①。在古希腊思想家们看来，正义能够为社会的稳定发展创造条件，并最终实现个人的价值以及社会的和谐。

柏拉图认为，正义价值的一个很重要的方面就在于其能够为优良的城邦生活提供一个稳定的秩序。柏拉图所期望的社会正义就是城邦社会政治生活的和谐稳定以及国家整体的有序运行。按照柏拉图的看法，城邦的正义就是国家的各个阶层各司其职、各安其分。柏拉图这样写道："我们在建立我们这个国家的时候，曾经规定下一条总的原则。我想这条原则或者这一类的某条原则就是正义。你还记得吧，我们规定下来并且时常说到的这条原则就是：每个人必须在国家里执行一种最适合他天性的职务"②；"当生意人、辅助者和护国者这三种人在国家里各做各的事而不相互干扰时，便有了正义，从而也就使国家成为正义的国家了"③。实际上，柏拉图的正义观表达了他对社会之统一、和谐、稳定的渴望。在他看来，正义是维系社会稳定的纽带，社会秩序是人类追求正义的一个基本目标，社会的发展就是一个不断寻找更加合理的秩序的过程。

自柏拉图时代起，"正义就被所有学派的政治思想家视为一个良好的政治秩序所具有的一个基本属性"④。正义理论也随之逐渐涉及政治、经济、道德、法律等各个领域，并力图在这些领域提供一种合理的模式和原则以促进整个社会健康有序地发展，从而保持社会关系的稳定和谐，促进人的幸福。亚里士多德继承并进一步发展了柏拉图的正义理想。按照他的观点，正义是政治生活的首要德性，"城邦以

---

① [法] 保尔·拉法格：《思想起源论》，王子野译，生活·读书·新知三联书店1963年版，第96页。

② [古希腊] 柏拉图：《理想国》，郭斌和、张竹明译，商务印书馆1986年版，第154页。

③ 同上书，第156页。

④ [英] 米勒、波格丹诺：《布莱克维尔政治学百科全书》，邓正来译，中国政法大学出版社2002年版，第408页。

正义为原则。由正义衍生的礼法,可凭以判断(人间的)是非曲直,正义恰正是树立社会秩序的基础"①。

到了中世纪,正义问题纳入了神学的视野,良好的社会秩序是神学正义观的首要考量。按照奥古斯汀的观点,"正义是公民社会的基石,是人类社会的统一和尊严赖以存在的基础。它通过调控人们之间的关系而维护和平、社会的共同利益以及确保社会获得的所有其它好利益。没有和平、没有'稳定的秩序',任何社会都不可能繁荣"②。在基督教哲学家们看来,正义秩序的获得在于服从上帝的戒命。这就是说,自然法的观念及其所表示的自然秩序是与上帝的旨意一致的,自然法只是上帝的永恒法的一部分。不难看出,正义实质上就在于人们的行为是否符合上帝安排的秩序,服从于教会和君主的统治。

文艺复兴以降,西方社会的正义观念发生了从对神的信仰到对人的尊重的重大转变,也就是说,理论家们逐步开始"从权利的视角探讨正义"③。但是,社会秩序问题依然是正义理论所关注的基本目标。霍布斯把安全、秩序视作人类正义追求的基本价值。按照他的看法,要摆脱人与人之间像"狼与狼"一样的自然状态,寻求社会的和平与秩序,人类就必须订立契约,而正义的秩序就源于这种人与人之间的契约关系。同样,斯密也强调,"正义是支持整个大厦的主要支柱。如果把它撤掉,那么人类社会的宏伟结构顷刻就会化为瓦砾"④。

在当代西方,最具影响的正义论思想家应当首推罗尔斯。在《正义论》一书中,罗尔斯开宗明义地强调了正义的价值,"正义是

---

① [古希腊]亚里士多德:《政治学》,吴寿彭译,商务印书馆1965年版,第9页。
② [美]施特劳斯、约瑟夫·克罗波西:《政治哲学史》(上),李天然译,河北人民出版社1998年版,第194页。
③ 廖申白:《西方正义概念:嬗变中的综合》,《哲学研究》2002年第11期。
④ 转引自陈赟《从仁爱到正义:道德中心词语的现代转换及其困境》,《人文杂志》2004年第4期。

社会制度的首要价值,正像真理是思想体系的首要价值一样"①;"我们可以设想一种公开的正义观,正是它构成了一个组织良好的人类联合体的基本条件"②。罗尔斯认为,由于社会实际上是一种以自身利益为出发点和归宿的人与人之间进行合作的形式,这就是说,它一方面包含了人与人之间的利益一致性,另一方面也包含了利益的冲突性,因此,"就需要一系列原则来指导在各种不同的决定利益分配的社会安排之间进行选择,达到一种有关恰当的分配份额的契约。这些所需要的原则就是社会正义的原则,它们提供了一种在社会的基本制度中分配权利和义务的办法,确定了社会合作的利益和负担的适当分配"③。从这样的观点出发,罗尔斯提出了作为构建良序社会之基础的"公平的正义"理论。

据上所述,可以看出,从古代社会到现代社会,尽管正义观念不断推陈出新,但是,作为一种社会价值观念,几乎所有的正义理论都表达了一种建构良好的社会秩序的理论抱负。博登海默这样概括道:"如果我们并不试图给出一个全面的定义,那么我们就有可能指出,满足个人的合理需要和主张,并与此同时促进生产进步和提高社会内聚性的程度——这是维续文明的社会生活所必需的——就是正义的目标。"④

第二节 人的自我实现与正义

从个人的角度来看,正义意味着人的自我价值的实现。这是正义的核心价值诉求。本节着重考察人的自我实现及其与正义之间的关系。

---

① [美]罗尔斯:《正义论》,何怀宏、何包钢、廖申白译,中国社会科学出版社1988年版,第3页。
② 同上书,第5页。
③ 同上书,第4—5页。
④ [美]博登海默:《法理学:法律哲学与法律方法》,邓正来译,中国政法大学出版社2004年版,第261页。

一 人的自我实现

人是哲学的永恒主题。"人是什么"这一"斯芬克斯之谜",构成了哲学史的一条主线。可以说,"哲学的根本问题乃是人本身的存在问题,它所关切的是那种未定型的开放的作为价值性存在的人本身,是人类的生存状况、精神困境和行为选择,因而是关乎人的生存和意义的价值论"①。古往今来,思想家们不断审视人的生存状况,探求人的生命价值,追寻人的生活意义。在卡西尔看来,"认识自我乃是哲学研究的最高目标——这看来是众所公认的。在各种不同哲学流派之间的一切争论中,这个目标始终未被改变和动摇过:它已被证明是阿基米德点,是一切思潮的牢固而不可动摇的中心。即使连最极端的怀疑论思想家也从不否认认识自我的可能性和必要性"②。

从哲学的角度来看,人是未完成的、人生是不确定的,人总是处于发展的各种可能性之中。按照马克思主义的观点,人是具有自然性与超自然性的双重存在。"人处在有限的物与无限的神之间——这就是人性结构的奥妙所在。如果说,人与自然界的特殊关联使人永远也变不成神的话,那么,人与神的特殊关联又使人永远也不会成为动物。"③ 换言之,一方面,人具有自然的本性,物欲的驱动、世俗的生活使人有可能走向沉沦;另一方面,人的世界又不同于动物式的自然世界。人从自然中进化过来后,就不再是纯粹的自然存在,而是一种具有超越性的存在,人不能满足于简单的、本能的生存。只有当人实现了对自身之自然性的辩证否定后,才能成为真正意义上的人,这正是人的尊严之所在。因此,人应该设立超出自身生命本能活动以外的理想,用自由、价值、道德、文化来证明和肯定人的生命存在,以超越当下,向未来投射,从而提升自己的生命境界、实现自我的价

---

① 张曙光、戴茂堂:《价值的存在论研究》,《北京师范大学学报》(社会科学版)2006年第5期。
② [德]卡西尔:《人论》,甘阳译,上海译文出版社2004年版,第3页。
③ 戴茂堂:《人性的结构与伦理学的诞生》,《哲学研究》2004年第3期。

值。正如奥伊肯所言,有理性的人必须把生活看作一个整体,"他不能完全沉湎于流逝的瞬间,而必须追求某种包罗一切的目标。然而,无论这种要求有多强烈,无论推动它的激情有多深沉,不超越人类的特殊范围便无法满足它"①。

可以看出,所谓人的自我实现实际上是"个人在实践活动中不断提高满足自身生存和发展需要的能力,发展自己的能力、才干与个性,实现自己确立起来的人生理想等价值追求的过程"②,是处在不断超越中的人的自我价值和生存意义的完满实现。人的生命价值的充分实现意味着"成己",意味着个人占有了自己的全面本质,获得了人之为人的规定性和做人的意义、尊严感。

自人类社会产生之日起,人就没有停止过对自我实现以及生存的价值和意义的追求。"人类在其漫长的历史发展中总是不断地确证着自身。确证什么?确证自己是人,而不是人之外的动物。"③ 作为伦理的存在,人总是具有一定的价值理想。从根本上说,人对自我实现和生存价值的追问实际上是一种来自生命之内在精神向度的、对本真性自我的呼唤。显然,对自我实现的寻求构成了人的生存方式。"'我'已然在世存在,而且以自身为目的即追寻、实现着自身的存在,而'追寻、实现自身的存在'本身正是人的存在方式……以自身为目的的'我向性'恰恰表明人的现存状态意味着缺欠和局限,人并没有达到他自己,没有达到他的本真的也是应有的生存方式,因而人必须从自身出发,担当起自己的责任,'自力更生','自求多福',从而最终实现或者说成就自己。"④

---

① [德]鲁道夫·奥伊肯:《生活的意义与价值》,万以译,上海译文出版社 1997 年版,第 2 页。
② 吴倬:《人的社会责任与自我实现》,《清华大学学报》(哲学社会科学版)2000 年第 1 期。
③ 张传有:《人类自我道德确证的历史——伦理学史新论》,《学术月刊》2004 年第 4 期。
④ 张曙光:《价值论研究:问题与出路》,《华中科技大学学报》(人文社会科学版)2002 年第 4 期。

实际上，人对自我实现与人生意义之追寻的实质是一种人对自身"生活意蕴的自我体验、自我觉解，亦是人对自身生活于其中的整个生存世界的'人化'属性的领悟"①。换言之，意义感构成了人类活动的终极依据和在世存在的全部内涵。在追寻意义的过程中，人逐渐确立了自我的认同，实现了自我的规定性，探索出了自己理想中的人生路向。可以说，作为"人的生命在其活动中的自我确证感和自我实现感"的生存的"意义"，②是人领会自身、展开自己生命活动的一种形而上学支点。没有这种意义感，人的生存必然会失去方向，人将不知道自己来自何处、将要走向何方。

在世间万物中，只有人类作为主体与其他事物之间发生着各种各样的联系，也只有人类追问和赋予自己的生存以意义和价值，人是唯一能够领会自己生存之意义的存在。追问生命的价值和意义，是人类的一种形而上学需要。形而上学本性是人类不可剥夺的内在精神品格，这一品格意味着每一个个体作为人类的一员内在地拥有一种至高无上的、寻求自我超越和自我实现的精神悬设。只要个体自觉地意识到自己是一个人，就意味着他应该要"不是其所不是"，并且"是其所是"，这样，一种追求超越当下、实现自我的形而上学冲动就会自然而然地产生，这是人类所独有的精神本性。可以看出，形而上学本性是一种人类追寻美好生活的精神支撑，它促使人类不断追求生命的价值和生存的意义，引导人们追求人生的真善美。从一定意义上说，正是人的形而上学本性维护了人类的生命尊严，构成了人类超越物性、实现自我的内在根据。

那么，人何以有可能实现自我的价值呢？

马克思主义的实践哲学认为，人之所以能够最终超越自我、实现自我、获得生命的价值和意义，是因为人的尊严、幸福、自由乃至人

---

① 张曙光：《生存哲学：走向本真的存在》，云南人民出版社2001年版，第347页。
② 张曙光：《生命及其意义——人的自我寻找与发现》，《学习与探索》1999年第5期。

的形而上学本性是他自己的对象性的实践活动所赋予的，人的本质是实践，是自由自觉的对象性活动。马克思这样说道："一个种的全部特性、种的类特性就在于生命活动的性质，而人的类特性恰恰就是自由的有意识的活动。"① 也就是说，人类的一切物质生活和精神生活，都是在自身的实践中产生的文化现象、社会现象。人对自我形象的领会、生命意义的追寻，以及自我本质的实现，都是在人们之间的交往实践中生成的。"从'应该成就什么'（What I ought to be）这一角度看，自我的人格并非预定或既定，而是具有生成的特点。"② 毋庸置疑，人生是一个人的生命之积极地自我展开、自我超越和自我实现的过程，是人的历史性的生成过程。显然，只有着眼于人的自我生成和自我实现这一最高目的，人的物质需要、精神需要的满足才能具有深刻的价值意蕴。

二 正义的核心价值：人的自我实现

如果说对自我实现的渴望以及对生存意义的探问构成了人类之生存方式的话，那么人类的这种理想在很大程度上是通过对正义的追寻来表达的。人的自我实现问题乃是正义论题的题中应有之义。简而言之，"个人只有实践正义的美德，才能真正地完成自己"③。也就是说，人的自我实现，构成了人类正义追寻的核心价值，"正义的本质就是人对人自身本质的确认。在这个意义上，正义是人之为人的真正之义"④。

正义总是人的正义，正义的核心问题其实就是人的问题，因此，人是理解正义的本质以及解决正义问题的关键。"把正义还给人，只

---

① 马克思、恩格斯：《马克思恩格斯选集》（第1卷），人民出版社1995年版，第46页。
② 杨国荣：《道德自我与自由》，《社会科学》2002年第1期。
③ 陈周旺：《正义之善：论乌托邦的政治意义》，天津人民出版社2003年版，第32页。
④ 胡海波：《正义的追寻：人类发展的理想境界》，东北师范大学出版社1997年版，第24页。

有这样，正义才能获得真正的价值与意义。要达到这个目的，只能从人出发，把人作为正义理论的真正根据和基本出发点。"① 概而言之，正义的根本在于理解人自身，要想探索正义的真谛就意味着必须要洞察人的生命存在的价值和意义。在《理想国》一书中，柏拉图借苏格拉底之口说出了一番耐人寻味的话。在柏氏看来，人们之所以总是找不到正义，是因为他们就像一个人去寻找一件始终在他手上的东西一样，他们不看眼前的这个东西，反而要去追求远处的东西。这个比喻揭示了正义的全部秘密，就是正义在人类自身的生命存在之中，离开人的生命存在，就不可能认识正义的价值。"如果脱离人这个根本，任何对正义一厢情愿的理解和解释，都会使正义面目全非，造成思想的困惑和理论的误解，根本无法追求、获得与实现真正的正义。"②

既然正义的全部秘密在于人本身，那么追寻正义就必须要追问：人是什么？据前文所述，人的存在无疑首先是自然性的、动物性的存在，但是，人类的形而上学本性使人不会仅仅满足于具有动物本能性质的生命存在，而总是执着地去追求永恒的意义世界，追求理想中的自我存在。卡西尔正确地看到，"人被宣称为应当是不断探究他自身的存在物——一个在他生存的每时每刻都必须查问和审视他的生存状况的存在物。人类生活的真正价值，恰恰就存在于这种审视中，存在于这种对人类生活的批判态度中。在《申辩篇》中苏格拉底说：'一种未经审视的生活还不如没有的好'"③。显然，人的存在无法脱离意义世界，对意义的关注乃是人的存在之必然性。

从这样的一种人的观念出发，不难看出，人类的正义追求正是由人的形而上学本性所决定的，"人之所以追求正义，根源在于人是历

---

① 胡海波：《正义的追寻：人类发展的理想境界》，东北师范大学出版社1997年版，第4页。
② 参见胡海波《正义的追寻：人类发展的理想境界》，东北师范大学出版社1997年版，第21页。
③ ［德］卡西尔：《人论》，甘阳译，上海译文出版社2004年版，第9页。

史的存在,即超越现存状态,以人自身为理想目的的存在"①。从根本上说,正义不过是人对生命存在的本质以及自我价值的实现之追求。质言之,"人的正义追求,体现了人对人的尊严、价值以及自我实现的憧憬"②。因此,人的自由、尊严、幸福等价值构成了正义的基本理论诉求。

毫无疑问,以人的自我实现为核心价值的正义理念表达了人类对自身的存在与现实生活世界的批判和反思,体现了人类存在的形而上学本性,以及对人类生存价值和意义的终极眷顾。马克思主义哲学认为,人是现实的存在物,这种"现实的人"是在一定的历史条件下、一定的社会关系中从事物质生产活动和精神交往活动的人。正是由于人类的这种实践本质,才使得人能够不断地创造自我、改造世界。这样,作为一种批判性的哲学范畴,正义理念对于人类的意义就在于:把人的价值、尊严、自由、解放以及人的全面发展作为实践哲学的最高原则,从而对人类自身的生命存在以及现实的生活世界进行审视、评判乃至超越。

实际上,无论是在古典时期,还是自近现代以来,尽管正义理论的历史变迁沧海桑田,但是其终极价值关怀却是一以贯之,也即人如何实现自我的价值,如何成其为人。按照柏拉图的观点,"不正义虽然确实能获得各种感官享乐,但是它丧失了根本的东西,就是人之为人。不正义是灵魂中的高级成分无法统治自己的领域,低级的成分、兽性的成分奴役高级的自我,整个人陷入紊乱,自相冲突而痛苦不堪。这样,自己生命的内在的、基本的要素都毁灭了"③。亚里士多德也认为,"人类所不同于其他动物的特性就在于他对善恶和是否合

---

① 胡海波:《正义的追寻:人类发展的理想境界》,东北师范大学出版社1997年版,第1页。
② 同上书,第2页。
③ 包利民:《西方政治伦理哲学中的一种理想主义——柏拉图与罗尔斯合论》,《河北学刊》2001年第1期。

乎正义以及其他类似观念的辨认（这些都由语言为之互相传达）"①。正是从这样的观点出发，柏拉图以及亚里士多德都首先把正义视作一种"个人的正义"。这就是说，正义乃是人类实现自我价值的根本所在。到了现代社会，在康德看来，正义意味着人的自由权利的拥有，而这恰恰构成了人之为人的基本规定性。质言之，"正义与人的好（善）紧密相连，人们会为了自己的好的真正实现而选择正义，这正是为正义本身的缘故选择正义（用康德的话说，正义本身可以起动机的作用）"②。

与西方正义观念不谋而合的是，中国传统儒家思想中的正义理念同样具有浓厚的价值意蕴。按照黄克剑先生的解读，"与西方'正义'概念约略可比，中国古人——主要是古代儒者——措意较多的概念是'正'和'义'。'正'本义作'直'，转义为'端正'、'正直'、'纯正'，儒家学说多以'正'用于修身、成德。'义'，'仪'之本字，转义为'宜'、'善'、'义理'，儒家学说以'义'为人所当有的五种常德之一，也在以其与'利'相对时指示儒教的价值取向"③；"审孔孟'正'、'义'之义，其宗趣终在于人的内在道德心性的修养。倘一言以蔽之，则正可谓：'正'者，生命之正也；而'义'，则是这求达生命之正的心性修养的价值标准"④。总而言之，正义的核心理论关切是人的自我价值的实现。

从古希腊的英雄时代到21世纪的今天，正义一直是人类铭心刻骨、念兹在兹的理想。人类之所以执着于对正义的追寻，其根本原因正是由于正义的基本关怀是人的自我实现以及人类的发展和社会的进步。在追寻正义的过程中，人类获得了生命的尊严、生存的价值以及

---

① ［古希腊］亚里士多德：《政治学》，吴寿彭译，商务印书馆1965年版，第8页。
② 包利民：《西方政治伦理哲学中的一种理想主义——柏拉图与罗尔斯合论》，《河北学刊》2001年第1期。
③ 黄克剑：《"正"、"义"与"正义"——中西人文价值趣求之一辨》，《福建论坛》（人文社会科学版）2002年第2期。
④ 同上。

生活的意义。也正是因为如此，思想家们赋予了正义至高无上的地位，罗尔斯这样写道："如果说，一种使权力服从其目的的合乎理性的正义社会不可能出现，而人民普遍无道德——如果还不是无可救药的犬儒主义者和自由中心论者——的话，那么，人们可能会以康德式的口吻发问：人类生活在这个地球上是否还有价值？"[①] 因此，虽然不同时代、不同的哲学家的正义观看起来似乎截然不同，但是，一旦深入地凝视各种正义观念的终极关怀，我们可以发现，观点殊异的思想家们都分享了一个基本相同的理论诉求，即所有的正义观念几乎无一例外地蕴含着对人类自由、尊严、幸福等生存价值的憧憬和渴望。

纵观历史，关于正义的观念浩如烟海。罗尔斯正是有感于正义观念的纷繁复杂，提出了"正义的概念"和"正义的观念"二者之间的区分。然而，当罗氏以"权利"作为正义的底色时，他的正义"概念"实际上又落入了他所定义的"正义的观念"的窠臼。

有鉴于此，通过对正义与社会秩序以及人的自我实现之间的关系的揭示，本章试图对"正义的概念"做出一个基本的界定：正义意味着以人的自我实现为核心的社会之有效整合。

以这样一个正义的概念为参照和蓝本，后文将对自由主义正义理论和社群主义正义理论的成败得失做出评价，并指明正义生成的出路在于马克思主义的实践哲学。

---

① [美]罗尔斯：《政治自由主义》（平装本导论），万俊人译，译林出版社2000年版，第50页。

第 三 章

自由主义正义伦理的权利进路

从上一章可以看出，正义具有两方面的价值：关于社会整合的工具价值以及关于人的自我实现的核心价值。那么，如何才能实现正义的这两种价值，进而实现正义？作为工具价值的社会整合以及作为核心价值的人的自我实现。那么，如何才能践履以人的自我实现为核心之社会整合的正义价值？

自由主义把人的权利视作正义观念的全部理论支点。按照自由主义的观点，人的自我价值以及良好的社会秩序只有通过对个人权利的张扬才能得到实现。在康德看来，"按照普遍立法意志的观念来看，能够让人真正分享到这种权利的可能性的有效原则，就是公共正义"①。而罗尔斯也认为，"一个正义体系回答了人们有权要求什么的问题；满足了他们建立在社会制度之上的合法期望。但是他们有权利得到的东西并不与他们的内在价值相称，也不依赖于他们的内在价值"②。可以看出，自由主义所秉持的是一种权利正义观。在这种权利正义观看来，其一，人只要拥有了自我占有、自由选择的权利就意味着自我的价值得到了实现；其二，社会整合也是以人的权利为依据的，社会秩序的形成是具有同等权利的个体之间达成的契约、规则的结果。毫无疑问，权利是正义的一个不可或缺的维度，然而，它远远

---

① ［德］康德：《法的形而上学原理——权利的科学》，沈叔平译，商务印书馆1991年版，第131—132页。

② ［美］罗尔斯：《正义论》，何怀宏、何包钢、廖申白译，中国社会科学出版社1988年版，第311页。

不是正义的全部内涵。自由主义权利正义观的限度表明，正义的实现还需要人的德性的支持。

第一节　权利的起源及其本质

作为正义的一个重要维度，权利是现代社会的产物。文艺复兴以来所谓的人的发现之实质是人的权利的发现。在自由主义看来，正是对权利的拥有使人获得了解放，实现了人的自我价值与尊严。

启蒙运动以降，个人的权利与自由以及人的个性之发展成为人的价值的枢纽。按照黑格尔的说法，"人按照他自己对世界、对历史的评价而追求这个或那个目的，但当他这样做的时候，他应该以什么为最后目的呢？但是对于意志来说，除了由它自身创造出来的、它自己的自由外，没有别的目的。这个原则的建立乃是一个很大的进步，即认自由为人所赖以旋转的枢纽，并认自由为最后的顶点，再也不能强加任何东西在它上面。所以人不能承认任何违反他的自由的东西，他不能承认任何权威"[1]。在康德看来，人之为人的本质就在于人的自由自主的自我立法性。换言之，只有摆脱了为外在必然性所支配的人才是一个具有价值和尊严的自我实现的人。

一　权利的起源

（一）权利的思想起源——个人主义的权利话语

从思想史的视角来看，权利观念是个人主义长期发展的产物。正如辛格所说，"权利理论是另一意义上的个人主义。它们肯定个人的利益和好处在决定权利的性质和作用方面有着道德上的首要性"[2]。

在个人主义看来，个人是本原，社会则是派生的；人本身就是目

---

[1] ［德］黑格尔：《哲学史讲演录》（第4卷），贺麟、王太庆译，商务印书馆1978年版，第289页。

[2] ［美］贝思·J. 辛格：《实用主义、权利和民主》，王守昌、王海泉、李伟中译，上海译文出版社2001年版，第5页。

的，因而具有最高的价值，社会只是达到个人目的的工具和手段。以这种观点为基础，个人主义进而认为，所有的价值最终都要在个人那里寻找根据，道德的起源和目的都在于满足个人的需要。史蒂文·卢克斯在论述个人主义时这样写道："根据这种学说，道德、道德价值和道德原则的源泉、道德评价标准的创造者是个人：个人成了道德（并暗示了是其他方面的）价值的至高无上的仲裁者，在最基本的意义上，个人成了道德的最终权威。"[1]

显而易见，在个人主义社会中，"个人权利至高无上"[2]，而社会、国家只是为了保障个人的基本权利而组成的机构，政府只是个体自主选择和自愿同意的产物——一切权力的合法性都必须建立在对其成员基本权利的保障的基础上。可以看出，个人权利的原则构成了国家、法律的唯一道德基础。简而言之，"个人主义的本质在于强调个体的权利、价值、尊严和利益。而这种强调的前提是所有个体在理论上都具有同等的权利、价值、尊严和利益"[3]。

西方个人主义的源头可以追溯到古希腊罗马时代。正如恩格斯所说，"在希腊哲学的多种多样的形式中，几乎可以发现以后的所有观点的胚胎、萌芽"[4]。按照伯特兰·罗素的看法，个人主义滥觞于犬儒学派和斯多葛派。也就是说，在希腊被征服以后，希腊人被迫退出公共生活领域，"从亚历山大时代以降，随着希腊丧失政治自由，个人主义发展起来了"[5]。

个人主义的现代形态发端于文艺复兴时期。文艺复兴的本质特征是人本主义。在人本主义看来，人是最终的目的，人的幸福、尊严、

---

[1] [英]史蒂文·卢克斯：《个人主义：分析与批判》，朱红文、孔德龙译，中国广播电视出版社1993年版，第107—108页。

[2] 李强：《自由主义》，中国社会科学出版社1998年版，第161页。

[3] 同上书，第169—170页。

[4] 马克思、恩格斯：《马克思恩格斯选集》（第4卷），人民出版社1995年版，第287页。

[5] [英]伯特兰·罗素：《西方哲学史》（下卷），马元德译，商务印书馆1976年版，第126页。

欲望、意志是不可忽视的。文艺复兴开启了从以神为中心向以人为中心的世界观的转变。文艺复兴以后，人们开始关注自己的个性发展和现实生活。"人不再是上帝手中的傀儡，而是能主宰自己命运的自由人。"① 但是，个人主义在文艺复兴时期仅仅处于初创阶段，仍然带有强烈的古典特征。

近代的宗教改革运动在个人主义的兴起过程中扮演了更为重要的角色。新教教义逐渐淡化了教会在个人寻求救赎过程中的作用，个人可以撇开教会直接与上帝进行沟通。这样，个人意志具有了独立性与神圣性，个人的地位得到了提升，从此，个人主义的形成就有了宗教的基础。"宗教改革对个人主义所作的主要贡献在于它肯定了个人的良心和判断。它为个人从罗马教会下解放出来奠定了神学和组织上的基础，为确认个人进一步扫清了道路。"②

而笛卡尔所开创的现代理性主义使个人主义在哲学观念上得以确立。"我思故我在"这一命题的内涵，是指人的认识之基础就是自身的独立存在，理性的自我是决定一切的独立实体，从这种自我出发才有可能推导出外部世界以及上帝的存在。笛卡尔的这种观点在逻辑上假定了一个彻底摆脱他人、自然、社会制约的抽象的自我的存在。

在此之后，康德倡导启蒙的理性精神，对个人价值的强调更加彻底。在康德看来，人是作为"目的"而不仅仅是作为"手段"而存在。启蒙精神的实质是一种理性主义与个人主义的结合。如果说理性主义促使人们对传统教条进行大胆的怀疑，促使人们从迷信和盲从中走出来，那么个人主义则使人们挣脱了传统等级秩序的束缚，使得人们能够作为独立自由的个人公开地运用自己的理性。

16世纪以降，个人主义开始与自然法理论联姻，成为独立于基督教神学之外的世俗思想体系。霍布斯首次为自然法注入了个人主义和

---

① 卢风：《启蒙之后：近代以来西方人价值追求的得与失》，湖南大学出版社2003年版，第39页。

② 钱满素：《爱默生和中国——对个人主义的反思》，生活·读书·新知三联书店1996年版，第199页。

个人权利的内涵,实现了自然法从古代向现代的转型。按照麦克弗森的看法,"个人主义作为一种基本的理论立场,其起源至少可以追溯到霍布斯。尽管霍布斯的结论很难说是自由主义的,但他的基本预设却是高度个人主义的"①。在霍布斯看来,人的本性是极端利己的,人生的目标就是追逐自己的私人利益,因此,人与人之间就如同狼对狼一样。毫无疑问,霍布斯所表达的是一种以利己主义为特征的极端个人主义。列奥·施特劳斯在评价霍布斯在从传统思想向现代思想过渡中所扮演的角色时说:"传统自然法所关心的主要是一个客观的'法则与尺度',它是一种先于人类意志并独立于人类意志的、具有约束力的秩序。"而霍布斯的自然法观念则是"把'自然权利'作为起点,这种自然权利是一种绝对合理的主观声称,它非但不依赖任何事先存在的法律、秩序或义务,而且,它本身就是所有法律、秩序或义务的渊源"。据此,施特劳斯认为,正如柏拉图与亚里士多德是古代政治哲学的奠基者一样,霍布斯是近代政治哲学的奠基人。②

不难看出,自启蒙运动以后,西方个人主义的思想逐渐渗透到社会每一个领域,个人权利的原则成为支配现代社会的基本信念。换言之,"'权利'已经成为一个大众话题,权利语言已是一种日常语言,无怪乎,我们的时代甚至被称作是'权利的时代'"③。

(二)权利的社会起源——市民社会的权利图景

无疑,权利是一种现代现象。但是现代权利观念绝非空穴来风,而是人类社会长期发展的产物。正如马克思所言,"权利决不能超出社会的经济结构以及由经济结构制约的社会的文化发展"④。尽管早在古希腊罗马时期,社会政治生活中就出现了"以契约关系破毁血缘

---

① 转引自李强《自由主义》,中国社会科学出版社1998年版,第47页。
② 同上书,第48页。
③ 余涌:《道德权利研究》,中央编译出版社2001年版,第1页。
④ 马克思、恩格斯:《马克思恩格斯选集》(第3卷),人民出版社1995年版,第305页。

关系、以权利政治取代王权政治"①的现象，但是，由于社会发展仅仅处于"人的依赖关系"阶段，个人在身份和行为等方面依附于自然、他人以及社会，从而处于一种不独立状态，因此，"从上古到中世纪，人权思想的萌芽虽已生长出来，但不可能形成有体系的人权思想，提出明确的人权概念"②。

从人类的历史来看，权利的凸显，是近代以来作为市民社会基础的市场经济（商品经济）以及契约原则发展的基本要求和必然结果。而"所谓市民社会，就是以市场经济为基础，以契约关系为中轴，以尊重和保护社会成员的基本权利为前提的社会组成"③。

可以看出，市民社会是建立在市场经济的基础之上的。随着生产力的发展，以及城市文明迅速崛起，开放性的市场交换日益取代了封闭的自给自足经济而逐步成为社会经济生活的主旋律。经济基础的变迁也随之驱动了市民精神的滥觞和社会结构的变迁。

其一，市场经济的发展使得市民社会的成员在经济交往活动中确证了自己的力量，逐渐成长为独立自主的原子式个体。换句话说，这种新的经济形式为崇尚个体价值的市民精神提供了适宜的生长土壤，个人日益成为自身命运的主宰者和创造者。在这个意义上，可以说正是市场经济、城市文明激活了一个张扬个性、突出自我的"表现时代"（房龙语）。

其二，更为重要的是，这种"市民精神已逐渐改塑了社会秩序，其新道德和新法律意识等已经排除了相应领域的旧理解"④。在自然经济占主导地位的传统社会中，个人依附于家庭、社会以及城邦。而与之相反，在市场经济的条件下，个人已经摆脱了对家庭、宗族和共

---

① 夏勇：《人权概念起源：权利的历史哲学》，中国政法大学出版社2001年版，第82页。
② 同上书，第118页。
③ 袁祖社：《权力与自由：市民社会的人学考察》，中国社会科学出版社2003年版，第13页。
④ ［德］马克斯·舍勒：《资本主义的未来》，罗悌伦等译，生活·读书·新知三联书店1997年版，第17页。

同体的依附，因为，市场经济塑造了市民社会的基本单位——具有权利的独立的个人。市场经济的基本要求在于，"从事经济活动的人都是自由平等的主体"①。一方面，市场经济强调劳动力、资本等要素的自由流动，这样，宗法制度在商业活动的渗透下不断解体，个体逐渐摆脱了家族、共同体的束缚而成为独立的个人；另一方面，作为一种资源配置方式，市场经济的特征之一是以独立的经济单位为行为主体。明确的、独立的市场主体是经济良好运行的前提。个人构成了市场经济和市民社会的基本单位。在市民社会中，这种个人成为拥有财产权利和自由、平等之政治权利的个人。这意味着，在以交换价值为目的的生产和交换活动中，人是作为具有独立自主意识的个体而存在的。具体地说，就商品的生产而言，生产的主体可以根据自己的意愿、自身的需要以及能力自由地决定生产什么样的产品。正如马克思所说："他作为独立的私人而生产，自己主动进行生产，只是取决于他本身的需要和他本身的能力，从本身出发并且为了本身，既不是作为某个自然发生的共同体的成员，也不是作为直接以社会个人的身份参加生产的个人，因而也不把自己的产品当作直接的生存源泉。"②就商品的交换而言，这种交换也是以实现交换双方自身利益为目的的自愿交易。马克思写道："从交换行为本身出发，个人，每一个人，都自身反映为排他的并占支配地位的（具有决定作用的）交换主体。因而这就确立了个人的完全自由：自愿的交易；任何一方都不使用暴力；把自己当作手段，或者说当作提供服务的人，只不过是当作使自己成为自我目的、使自己占支配地位和主宰地位的手段；最后，是自私利益，并没有更高的东西要去实现；另一个人也被承认并被理解为同样是实现其自私利益的人，因此双方都知道，共同利益恰恰只存在于双方，多方以及存在于各方的独立之中，共同利益就是自私利益的

---

① 袁祖社：《权力与自由：市民社会的人学考察》，中国社会科学出版社 2003 年版，第 27 页。

② 马克思、恩格斯：《马克思恩格斯全集》（第 46 卷下），人民出版社 1980 年版，第 466 页。

交换。"① 因此,人的经济活动是具有自主意识的主体对自身利益追求的活动。而人的权利意识正是在这种自主活动中日渐产生并且逐步走向成熟。可以看出,市民的这些经济权利、政治权利是内生于市场经济的。市场是天生的平等派,财产、自由、平等的权利观念正是市场经济在市民社会中的反映。

其三,建立在市场经济基础之上的市民社会其本质上是一种契约社会。与传统宗法社会以血缘、地缘、宗教感情以及传统的道德观念为人际关系的纽带不同,市民社会成员之间的联结是以市场以及在市场中所形成的契约关系为中枢。实际上,契约是基于市场经济之公平交易的要求而形成的一种合约关系,市场经济本身就是一种契约经济。

而且,随着社会的发展以及人类文明程度的提高,契约原则在市民社会中超越了单纯的经济领域,逐渐渗透到政治、法律、道德等社会生活的各个方面,成为人们的共同信念之一。

市民社会中契约关系的实质是一种法律关系。一方面,契约的本质就是人们在自由贸易中基于平等地位而建立的一种权利义务关系;另一方面,市民社会的"根本目的在于保障个人的自然权利"②,而市民社会成员平等、自由等各种经济权利和政治权利的保障必须借助于契约的制定。因此,人们一旦确立了契约关系,就不仅表明其基本权利将受到尊重,还意味着他将承担相应的义务,这时,契约上升为法律。

正是市民社会的契约化以及法治化特征使之与传统宗法社会明显区别开来。如果说传统社会是身份社会和礼治社会的话,那么,市民社会则实现了"从身份到契约"③的转变,它凭借契约和法律关系来

---

① 马克思、恩格斯:《马克思恩格斯全集》(第46卷上),人民出版社1979年版,第196—197页。
② 袁祖社:《权力与自由:市民社会的人学考察》,中国社会科学出版社2003年版,第54页。
③ [英]梅因:《古代法》,沈景一译,商务印书馆1959年版,第97页。

保障人们的权利，调节和规范市民社会成员间的经济关系、社会关系，从而满足了人们对于利益、自由、平等的需求。

概而言之，其一，市民社会是一个利益社会。在这里，私人利益获得了存在的正当性，私人领域逐步从公共领域中分离出来。其二，市民社会是一个契约社会。市民社会成员摆脱了传统的人身依附关系，并且以契约的方式组成自己的社会生活，自由、平等以及个性之独立成了社会的基本价值信念。其三，市民社会是一个法治的社会。国家只是作为实现个人利益关系的工具，它对社会公共生活的调节是受到一定制约的。一言以蔽之，正是在市民社会的产生和发展中，权利的观念逐渐生成并且获得了最终的合法性。

二 权利的本质：一种消极自由的观念

据上文所述，可以看出，权利是一个现代的概念，是对传统社会人身依附关系之否定的产物。在自由主义正义观看来，权利的拥有是人之为人的基本规定，是人的自我实现的全部内涵。那么，这种甚至可以称作为自由主义正义观之图腾的权利的本质是什么？

在政治哲学领域，权利和自由经常是通用的，权利意味着自由，自由即是权利。"从实践上说，有个人自由的地方就一定有权利，而有权利的地方也一定有个人自由；从理论上说，权利观念与自由观念相互依赖，而权利观念的迅猛发展又与自由观念，特别是近代西方的自由观念，即自由主义理论的形成与发展几乎同时出现。"[①] 作为人类文明的终极价值，自由一直是人们不懈探索的根本主题。然而，自由远非一个含义清晰的概念。自古至今，人们从不同的视角出发赋予自由以各种不同的含义。这些含义之间既互有包含、交叉，也互有差异，甚至彼此对立。因此，粗略地把权利同广义的自由画等号显然无助于把握现代权利观念的本质。

在政治思想史上，以赛亚·伯林的"两种自由观念"对自由概念

[①] 吴玉章：《论自由主义权利观》，中国人民公安大学出版社1997年版，第1页。

作了清晰的梳理。如果说权利的实质是自由的话，那么这种自由则是伯林之所谓的"消极自由"。

伯林发现，"人们力图让自由意指一切他们所喜爱的东西"，他们分别从各自的角度谈论经济自由、社会自由、政治自由、道德自由等，"关键是这些自由是彼此不同的。在某些情况下它们是相似的，在某些情况下它们是相异的"①。伯林认为，各种自由之间关系的混淆，不仅会造成思想上的混乱，而且也会造成实践中的灾难。

伯林对两种自由的划分是在贡斯当的启发下开始的。在贡斯当看来，古代人的自由依据的是公民资格，即公民参加公共事务的权利，"古代人的自由在于以集体的方式直接行使完整主权的若干部分……他们亦承认个人对社群权威的完全服从是和这种集体性自由相容的。你几乎看不到他们享受任何我们上面所说的现代人的自由"②。按照贡斯当的观点，古代人钟情于集体之自由的原因在于：其一，古代城邦共和国都局限于狭小的领土上；其二，商业贸易不发达；其三，奴隶制度为自由人提供了闲暇。因此，古代人生活的主要内容集中在公共领域，私人领域不具有价值的正当性。这样，"在古代人那里，个人在公共事务中几乎永远是主权者，但在所有私人关系中却都是奴隶"③。由于古代人的自由概念没有将公共领域和私人领域区分开来，也没有认同私人生活的价值，因此个人的权利根本没有存在的空间。而与之相反，现代社会则为我们提供了一幅全然不同的景象：其一，国家规模的扩大导致了每个人分享的政治重要性和可能性的降低；其二，奴隶制度的废除剥夺了人们生活中的所有闲暇；其三，商业的兴起一方面激发了人们对个人独立的热爱，另一方面商业的运行也需要个人从传统的人身依附关系中解放出来。因而，在这种新的时代条件

---

① ［伊朗］拉明·贾汉贝格鲁：《伯林谈话录》，杨祯钦译，译林出版社2002年版，第134页。
② ［法］贡斯当：《古代人的自由与现代人的自由》，阎克文、刘满贵译，上海世纪出版集团、上海人民出版社2003年版，第47页。
③ 同上书，第48页。

下,"我们已经不再欣赏古代人的自由了,那种自由表现为积极而持续地参与集体权力。我们的自由必须是由和平的享受与私人的独立构成"①。贡斯当认为,古代人的自由之淡出意味着古代那种人民直接参与政治生活的情形将被降到最低的限度,现代人的自由则因此表现为人们享有一系列受法律保障的、不受政府干预的消极的个人权利。

伯林的"消极的自由"大致相当于贡斯当所谓的"现代人的自由"。在伯林看来,消极自由是指"一个人能够不受别人阻扰地行动的领域。如果别人阻止我做我本来能够做的事情,那么我就是不自由的;如果我的不被干涉地行动的领域被别人挤压至某种最小的程度,我便可以说是被强制的,或者说,是处于奴役状态的。……强制意味着在我可以以别的方式行事的领域,存在着别人的任意干涉"②。这种消极的自由所关注的焦点问题是"主体(一个人或人的群体)被允许或必须被允许不受别人干涉地做他有能力做的事情、成为他愿意成为的人的那个领域是什么"③。

按照伯林对自由的分野,权利的本质显然是所谓的"消极的自由"。质言之,"一个人在法律确定的界限之内不受政府和任何他人的干涉的支配他自身的行为的自由是自由或权利体系的本质"④。因此,权利的本质不是建立在"去做……的自由"的政治逻辑上,而应该是建立在一种"免于……的自由"的政治逻辑上。在伯林的自由理想中,"免于……"(freedom from)的消极自由在价值取向上完全不同于"去做……"(freedom to)的积极自由,它直接针对政府的权力,列出了最低限度的不应该受到限制和压迫的个人的基本权利。"消极

---

① [法]贡斯当:《古代人的自由与现代人的自由》,阎克文、刘满贵译,上海世纪出版集团、上海人民出版社2003年版,第53页。
② [英]伯林:《自由论》,胡传胜译,译林出版社2003年版,第189—190页。
③ 同上书,第189页。
④ 廖申白:《论西方主流正义概念发展中的嬗变和综合》(下),《伦理学研究》2003年第1期。

自由要旨是保护个人权利并且抵抗集体权力，主要落实为各种个人权利。"①也就是说，消极自由的目标是建立个人权利的合理空间，它明确划定政府的权限，以保障个人权利为出发点和归宿。可以看出，在自由主义看来，权利构成了人在所有社会关系中的最后"王牌"（德沃金语）：唯有"权利"，而非"权力"，才能被视为绝对的东西，从而使得所有人，不管什么样的权力统治着他们，都有绝对的权利拒绝非人性的举动。②自由主义认为，在个人的基本权利中，最主要的、也是人们能够达到普遍共识的，就是作为底线的、所谓的"生命权、财产权和自由权"（这三项权利分别被载入美国的《独立宣言》、法国的《人权宣言》等重要文献）。正是由于这种对底线权利的拥有，才使得人有可能自主地选择自己喜欢的生活方式，进而实现自己的生命价值。

自由主义对作为消极自由观念的人的权利的认肯，具有一定的积极意义。首先，对于个人来说，它的意义在于使得个人从传统、整体的桎梏下解放出来，人的自主选择、自我占有的价值得到肯定；其次，对于社会来说，恰恰是那些对人的基本权利的保护，构成了宪政正义的基石。按照萨托利的观点，宪政的核心在于保障一种人的摆脱权力压迫的自由，而不是一种"去做……的自由"，无疑，这种自由是消极的、保护性的基本权利。萨托利这样写道："如果要问，是否应当追求多种自由，我的回答是应当；但是要问除了自由主义性质的政治自由以外，是否还有另一种性质的政治自由，我的回答是：没有。所谓社会自由与经济自由，无不以驯化权力的自由主义技巧为前提。"③正是基于这样的观点，当代的自由主义尤其是自由至上主义，正在试图把作为消极自由的个人权利之外的其他概念统统清除出公共

---

① 赵汀阳：《关于自由的一种存在论观点》，《世界哲学》2004年第6期。
② 张国清：《以赛亚·伯林自由主义宪政思想批判》，《江苏行政学院学报》2005年第1期。
③ [美]乔·萨托利：《民主新论》，冯克利、阎克文译，东方出版社1993年版，第337页。

政治舞台。然而在社群主义、共和主义看来，坚持以个人权利作为唯一的"王牌"，不仅不会实现自我的价值，而且会不可避免地导致人们作为公民的"腐化"。因此，人们必须认真对待自己的义务，必须力求尽可能全心全意地履行自己的公共责任。

第二节　权利本位的社会秩序：
权利与权力的辩证

在近现代自由主义思想家看来，权利几乎成了正义的同义词。也就是说，"把自由与权利和正义问题联系起来，这是现当代自由主义的一个隐秘的逻辑"①。从社会秩序的角度来看，正义的实现意味着个人的权利能够得到保障，正义的社会是具有平等权利的个体自愿同意的制度、规则的产物。

自17世纪以来，权利就一直是西方政治哲学的一个基本概念。既然每个个体都具有基本的权利，那么，这些个人应该在什么样的原则下组成社会，才能既可以保障自己的权利而又不损害他人的权利？康德设定了个人权利的空间，"外在地要这样去行动：你的意志的自由行使，根据一条普遍法则，能够和其他所有人的自由并存"②。或者说，"任何一个行为，如果它本身是正确的，那么，这个行为根据一条普遍法则，能够在行为上和每一个人的意志自由同时并存"③。质言之，在自由主义看来，每个人的权利都是有限度的，必须用普遍的法律来限制每个人的外在自由，以便使它能够与别人的自由协调一致。而只有能够与别人的自由相协调的自由才是人的基本权利。

自由主义之集大成者约翰·密尔秉承了康德的自由主义理想。密

---

① 高全喜：《法律秩序与自由正义：哈耶克的法律与宪政思想》，北京大学出版社2003年版，第149页。
② [德] 康德：《法的形而上学原理——权利的科学》，沈叔平译，商务印书馆1991年版，第41页。
③ 同上书，第40页。

尔关于权利、自由的根本思想集中体现在如下两条格言中:"第一,个人的行动只要不涉及自身以外什么人的利害,个人就不必向社会负责交代。他人若为着自己的好处而认为有必要时,可以对他忠告、指教、劝说以至远而避之,这些就是社会要对他的行为表示不喜或非难时所仅能采取的正当步骤。第二,关于对他人利益有害的行动,个人则应当负责交代,并且还应当承受或是社会的或是法律的惩罚,假如社会的意见认为需要用这种或那种惩罚来保护它自己的话。"① 这就是密尔著名的"伤害原则"。这一原则典型地反映了西方自由主义自康德以来的基本理念:个人拥有不可剥夺的基本自由权利,只要不伤害到他人以及社会的合法利益,便无须作出交代。而只有在对他人造成了伤害时,个人才必须受到法律的惩罚。正如斯宾塞所言,"每个人都有为所欲为的自由,只要他不侵犯任何他人所享有的平等自由"②。

罗尔斯的正义论与古典自由主义一脉相承。在罗尔斯看来,正义的首要原则是"平等的自由原则",即"每个人对与其他人所拥有的最广泛的基本自由体系相容的类似自由体系都应有一种平等的权利"③。或者说,"每一个人对于一种平等的基本自由之完全适当体制都拥有相同的不可剥夺的权利,而这种体制与适于所有人的同样自由体制是相容的"④。

简言之,按照自由主义的看法,保障人的基本权利是正义问题的关键。而对权利的侵害可能来自两个方面:其一,来自其他的个人或团体;其二,来自国家的权力。正是基于这样的考虑,为了建立一个具有良好秩序的社会,从而保障人的基本权利,自由主义权利正义观

---

① [英]密尔:《论自由》,许宝骙译,商务印书馆1959年版,第112页。
② [美]博登海默:《法理学:法律哲学与法律方法》,邓正来译,中国政法大学出版社2004年版,第102页。
③ [美]罗尔斯:《正义论》,何怀宏、何包钢、廖申白译,中国社会科学出版社1988年版,第60—61页。
④ [美]罗尔斯:《作为公平的正义——正义新论》,姚大志译,上海三联书店2002年版,第43页。

一方面论证了国家存在的必要性，这体现了个人权利与国家权力之间的统一；另一方面对国家权力进行了限制，这体现了个人权利与国家权力之间的对立。

一 作为权利之保障者的权力

根据自由主义正义观看来，对于个人来说，生命、财产、自由等各项基本权利至关重要，这些权利是个人实现自我价值的核心，然而，人的权利却又是脆弱的，它随时可能遭到他者的侵犯。按照自由主义的观点，在自然状态（无政府状态）中，对个人权利的侵犯首先可能来自他人或者其他团体的力量。因此，人类必须要从自然状态过渡到社会状态，订立契约，建立国家，以国家权力和法律制度等规则体系来保障个体的基本权利。

自由主义沿着基督教神学所开辟的道路寻找国家存在的根据。在基督教看来，人是有原罪的，人性中具有一种幽暗意识。[1] "根据神学家们的理论，人类在原初状态是纯真无邪的，并不需要强制性权力的约束和管制，也没有统治其同伴的野心，但是人类堕落了，失去了无邪的本性，充满着欲望和野心。堕落的人一方面需要强制性权力的约束，另一方面产生了攫取权力的欲望。人类的堕落被奥古斯汀称为'原罪'。它是最初的、原始的罪，是深植于人性深处的根本的罪。其他的罪都由它而生。由于人的罪，人世间的和平与正义便受到威胁。于是，便需要人对人的统治，需要强制性的政治权力。"[2] 这就是说，人性的堕落决定了国家权力之必要。路德这样说道："整个世界是邪恶的，在千万人中难有一个基督徒，所以刀剑和法律还是必要的。"[3]

---

[1] 参见张灏《幽暗意识与民主传统》，载刘军宁等编《市场逻辑与国家观念》，生活·读书·新知三联书店1995年版，第79—89页。

[2] 丛日云：《在上帝与凯撒之间——基督教二元政治观与近代自由主义》，生活·读书·新知三联书店2003年版，第141页。

[3] 转引自丛日云《消极的国家观：从基督教到古典自由主义》，《浙江学刊》2002年第2期。

近代以来，霍布斯承袭了基督教神学的观点。在霍氏看来，国家存在的理由即植根于人性的罪恶之中。按照霍布斯的观点，人的本性是恶的，是自私自利残暴好斗的。人类所共有的普遍倾向是"得其一思其二、死而后已、永无休止的权势欲"①。总而言之，由于人性的卑劣，没有国家权力、没有法律制度和规则体系的自然状态必然是一种极度悲惨的无政府状态。霍布斯写道："在没有一个共同权力使大家慑服的时候，人们便处于所谓的战争状态之下。这种战争是每一个人对每一个人的战争。"②无疑，在这种自然状态中，人的生命、安全无法得到有效的保障。这样，霍布斯"通过与自然状态的反衬，显示出建立国家的必要；而借助自然状态概念对人性的解析，提供了建立国家强大权威的绝对理由"③。因此，社会若要和平文明，人类若要发展进步，就必须要有国家权力和法律制度的保障。正是从上述观点出发，霍布斯把建立一个强大的"利维坦"视作自己最高的政治理想。不难看出，尽管霍布斯政治理论的起点是自由主义（个人主义）的，但是最终却得出了专制主义的结论。

自霍布斯以后，国家作为对人性之缺陷的补救工具，已经成为各种自由主义政治哲学体系中的基本理论预设。苏格兰启蒙思想家斯密、曼德维尔、休谟等人都看到了人性自私的一面。斯密说："我们每天所需的食料和饮料，不是出自屠户、酿酒家或烙面师的恩惠，而是出于他们自利的打算。我们不说唤起他们利他心的话，而说唤起他们利己心的话。我们不说自己有需要，而说对他们有利。"④而休谟也认为，"在自然性情方面，我们应当认为自私是其中最重大的"⑤，并且"建立社会和互助合作的这个计划所遭到的主要障碍就在于他们

---

① ［英］霍布斯：《利维坦》，黎思复、黎廷弼译，商务印书馆1985年版，第72页。
② 同上书，第94页。
③ 丛日云：《消极的国家观：从基督教到古典自由主义》，《浙江学刊》2002年第2期。
④ ［英］斯密：《国民财富的性质和原因的研究》（上卷），郭力大、王亚南译，商务印书馆1972年版，第14页。
⑤ ［英］休谟：《人性论》（下），关文运译，商务印书馆1980年版，第527页。

的天性中的贪婪和自私,为了补救这种缺点,他们缔结了稳定财务占有、互相约束、互相克制的协议"①。显而易见,在这样一种自私的人性之基础上,我们只能把人的自由、幸福以及各项基本权利的获得和保障寄希望于国家权力和法律制度。联邦党人深得苏格兰自由主义思想家的理论精髓,在设计国家制度时他们一语道破天机:"政府本身若不是对人性的最大耻辱,又是什么呢?如果人都是天使,就不需要任何政府了。"② 概而言之,因为人性具有自私的一面,所以就需要国家、政府的管辖。政府的建立、法律制度的存在,是人性卑污的表现,是人类的一种无可奈何的选择。

近代自由主义的先驱洛克明确地把保障个人的基本权利(生命、财产、自由)作为其国家理论的基础。同霍布斯一样,洛克的国家学说建立在自然状态的假设之上。洛克认为,在国家建立之前,人们处于自然状态。在自然状态下,每个人都有天赋的各种权利。尽管洛克的自然状态没有霍布斯所描述的那样恐怖,但是他同样认为,自然状态作为一种无政府状态,要实现个人的基本权利很不方便。洛克写道:自然状态"缺少一种确定的、规定了的、众所周知的法律,为共同的同意接受和承认为是非的标准和裁判他们之间一切纠纷的共同尺度";"缺少一个有权依照法律来裁判一切争执的知名的和公正的裁判者";"缺少权力来支持正确的判决,使它得到应有的执行"③。正是为了避免自然状态的这些缺陷,人们才订立契约,进入政治社会,"同他人协议联合组成一个共同体,以谋他们彼此间的舒适、安全和和平的生活,以便安稳地享受他们的财产并且有更大的保障来防止共同体以外任何人的侵犯"④。

---

① [英]休谟:《人性论》(下),关文运译,商务印书馆1980年版,第543页。

② [美]汉密尔顿、杰伊、麦迪逊:《联邦党人文集》,程逢如、在汉、舒逊译,商务印书馆1980年版,第264页。

③ [英]洛克:《政府论》(下篇),叶启芳、瞿菊农译,商务印书馆1964年版,第77—78页。

④ 同上书,第59页。

据上所述,可以看出,在自由主义的理论视野中,国家存在的唯一目的就是防止人和人之间的弱肉强食和奴役压迫,从而结束无政府状态,建立人们之间所必须共同遵守的公共秩序,以保障每个人的生命、财产和自由等各项基本权利。

自由主义权利正义观认为,良好的社会秩序、社会整合是以人的权利为出发点和归宿的,国家权力之必要性、合理性根据就在于它能够保障人的各项基本权利。这是权利与权力之间统一的一面。然而,问题在于,国家权力固然能够保障人的权利,但是同时它自身又常常是侵犯个人权利的罪魁祸首。换言之,要真正保障人的权利,建立良好的社会秩序,还必须对国家权力作出一定的限制。

二 作为权利之潜在侵犯者的权力

由上文可知,自由主义权利正义观从人性恶的假设中得出了国家之必要性的结论,国家权力、法律制度的存在,避免了人们之间相互侵犯彼此的各项基本权利,但是,新的危险在于:国家权力在保障个人权利不受他人侵犯的同时,其本身却可能成为个人权利的潜在侵犯者。这是权利与权力之间对立的一面。在潘恩看来,"人进入社会并不是要使自己的处境比以前更坏,也不是要使自己具有的权利比以前更少,而是要让那些权利得到更好的保障"①。显然,政治权力应该是个人权利的守护者,而不是凌驾于个人权利之上。那么,"'如何能保证一个能防止我的邻居压迫我的政府不反过来压迫我?'换句话说,如何能防止国家的暴力机器和政府权力被滥用?"② 在自由主义看来,这就意味着,建立了国家之后,还不能因此高枕无忧,还需要进一步对国家权力作出限制,才有可能真正实现以人的权利为核心的良序社会。正因为如此,密尔在《论自由》中反复声明,他所要讨论的是"公民自由或称社会自由,也就是要探讨社会所能合法施用于个人的

---

① [英]潘恩:《潘恩选集》,马清槐等译,商务印书馆1981年版,第142页。
② 李波:《法、法治与宪政》,《开放时代》2003年第5期。

权力的性质和限度"①。以这样的观点为基础,自由主义权利正义观预设了宪政国家以及道德中立的思想立场。如果说前者着眼于对国家权力的限制、监督和制衡,那么后者则针对国家权力对于个人之自我选择权利的道德态度。无论是前者还是后者,都体现了自由主义国家以个人权利为中心的消极特征。

（一）宪政国家

启蒙思想家霍布斯、洛克、潘恩提出了三种对国家权力进行限制的模式,但是其中最具有影响力的是洛克式的宪政国家。② 按照洛克的看法,国家是人们之间共同同意、缔结契约的产物。人们在订立契约、建立政府的过程中,只是把管理社会的公共权力让渡给了政府。至于个人的各项基本权利,每个人应该保存于自身,在任何情况下都不可转让、不可剥夺,政府的职责恰恰只是为了保障每个人的基本权利。政府是工具性的,它的使命除了保障公民的基本权利,其自身不应当再有什么目的。政府的权力起源于人们的委托,它的合法性必须基于被统治者的同意。相对于公民的个人权利来说,政府的公共权力是从属的、派生的,因而是有限的,它不能超越公共权力的有限范围侵入公民的权利领域,否则就违背了人们建立政府的目的。

在洛克之后,卢梭以《社会契约论》声名鹊起。与洛克不同的是,卢梭没有对国家权力与个人权利作出严格的界分。卢梭把所谓的主权者理想化,一方面,他赋予了国家这个主权者以无限的权力。在他看来,国家"必须有一种普遍的强制性的力量,以便按照最有利于全体的方式来推动并安排各个部分。正如自然赋予了每个人以支配自己各部分肢体的绝对权力一样,社会公约也赋予了政治体以支配它的各个成员的绝对权力。正是这种权力,当其受到公意指导时,如上所

---

① [英]密尔:《论自由》,许宝骙译,商务印书馆1959年版,第1页。
② 有学者指出,潘恩模式的实质是洛克模式,没有必要单独划分,而霍布斯模式由于其专制色彩,因而不具有代表性。参见邓正来《国家与市民社会———一种社会理论的研究路径》,中央编译出版社2002年版,第82页注②。

述，就获得了主权这个名称"①。另一方面，他要求公民把自己的全部奉献给主权者、共同体、国家。卢梭写道："每个结合者及其自身的一切权利全部都转让给整个集体。"②并且，公民必须要绝对地服从国家，"为了使社会公约不至于成为一纸空文，它就默契地包含着这样一种规定——唯有这一规定才能使得其他规定具有力量——任何人拒不服从公意的，全体就要迫使他服从公意。这恰好就是说，人们要迫使他自由"③。卢梭认为，国家是公意的代表，它不但代表了公共利益，也代表着每个人的利益，因此，每个人都必须服从国家，服从国家这个主权者其实也就是服从自己。因为，主权者不可能损害他的全体成员，也不可能损害任何个别的人，这样，主权者的权力就无须对臣民提供任何保证。④不难看到，卢梭的激进民主思想具有浓厚的整体主义色彩，这种理论强调个人必须将自己的一切奉献给国家，从而赋予了国家无限的权力。所以，尽管卢梭声称"人民之所以要有首领，乃是为了保护自己的自由，而不是为了使自己受奴役，这是无可争辩的事实，同时也是全部政治法的基本准则，普林尼曾对图拉真说，我们所以拥戴一个国王，为的是他能保证我们不作任何人的奴隶"⑤，但是，其理论的结果却必然会导致一种自由名义下的奴役和专制。

在对法国大革命的反思中，贡斯当最早对卢梭提出了批评。在他看来，卢梭"在《社会契约论》中所犯的错误，经常被用来作为自由的颂词，但是，这些颂词却是对所有类型的专制政治最可怕的支持"⑥。因为，在卢梭的民主理论中代表公意的主权者只是一个"抽

---

① ［法］卢梭：《社会契约论》，何兆武译，商务印书馆2003年版，第37页。
② 同上书，第19页。
③ 同上书，第24—25页。
④ 参见［法］卢梭《社会契约论》，何兆武译，商务印书馆2003年版，第23—24页。
⑤ ［法］卢梭：《论人类不平等的起源和基础》，李常山译，商务印书馆1962年版，第132—133页。
⑥ ［法］贡斯当：《古代人的自由与现代人的自由》，阎克文、刘满贵译，上海世纪出版集团、上海人民出版社2003年版，第80页。

象存在"。按照贡斯当的看法，尽管主权者是"由无一例外的所有个人组成的。但是，一旦主权者必须使用他所拥有的权力，或者换句话说，一旦必须开始运作实际的权力组织，那么，由于主权者不可能亲自行使主权，他必须把它委托出去，结果便是所有那些属性将会荡然无存"①。这一点评可谓入木三分。毫无疑问，那种即使以全体的名义去行使的权力，最终也必定"是由一个单独的个人或极少数人支配的，因此当一个人把自己奉献给全体时，他并不是把自己奉献给了抽象的人，相反，他是让自己服从于那些以全体的名义行事的人"②。

因此，在贡斯当看来，个人的权利不能全部奉献给主权者，"民主政体确实是把权力授予全体之手，但只限于共同安全所需要的那种权力"③。换言之，人类生活的相当一部分内容仍然是属于个人的，这部分内容有权独立于任何社会权力的控制之外。个人的这种基本权利不能受到国家权力的任意干涉，否则，"个人在政府面前将无处可逃，即使你声称要让政府服从普遍意志，那也徒劳。总是政府在支配着这种意志的内容，而你的所有戒备全都无济于事"④。这是个人存在的起点，也是主权者管辖的终点，而一旦"社会跨过这一界限，就会像手握屠刀的暴君——这是他的惟一的称号——同样邪恶"⑤。无疑，主权者不应当拥有无限的权力，"主权只是一个有限的和相对的存在"⑥。因为那种绝对的、无限的权力不管落到什么人手里，无论是君主，还是自称是人民的代表，结果"你仍将发现它同样都是罪恶"⑦。因此，"人民主权并非不受限制，相反，它应被约束在正义和个人权利所限定的范围之内。即使全体人民的意志也不可能把非正

---

① ［法］贡斯当：《古代人的自由与现代人的自由》，阎克文、刘满贵译，上海世纪出版集团、上海人民出版社2003年版，第80页。
② 同上书，第80—81页。
③ 同上书，第82页。
④ 同上书，第83页。
⑤ 同上书，第79页。
⑥ 同上。
⑦ 同上书，第78页。

变成正义"①。

在自由主义看来,主权者不是天使,"如果是天使统治人,就不需要对政府有任何外来的或内在的控制了。在组织一个人统治人的政府时,最大困难在于必须首先使政府能管理被统治者,然后再使政府管理自身"②。主权者必然是具体的人,具有罪恶性和幽暗意识,其权力越大,则可能产生的罪恶就越大,正如阿克顿勋爵所说,"所有权力都易腐化,绝对的权力则绝对地会腐化"③。毫无疑问,不能对统治者过于信任,要确保自己的个人权利不受侵犯,就要对他们保持高度的怀疑和警惕。休谟认为,尤其应该把统治者视作"无赖之徒","在设计任何政府制度和确定该制度中的若干制约和监控机构时,必须把每个成员都假定为是一无赖,并设想他的一切作为都是为了谋求私利,别无其他目的"④。按照休谟的看法,只有在一个统治者被关进"牢笼",即"特殊人物的贪欲和野心受到限制和惩罚"的法律制度下,才会出现"自由得以确保,公益得到考虑"的局面。⑤

总而言之,自由主义认为,要真正保障个人权利的实现,建立一个良序社会,不仅要建立国家,还要限制国家。弗里德里希这样写道:"显然,依据每个人的自由与所有其他人的自由共存来定义的正义,只有在一种宪政秩序中才可能得以实现。"⑥ 这是一切宪政国家的理论出发点。

自由主义从两个方面设计对国家的制约。其一是以个人的权利限制国家的权力范围,"为了防止这个大权在握的统治工具转变成

---

① [法]贡斯当:《古代人的自由与现代人的自由》,阎克文、刘满贵译,上海世纪出版集团、上海人民出版社2003年版,第85页。
② [美]汉密尔顿、杰伊、麦迪逊:《联邦党人文集》,程逢如、在汉、舒逊译,商务印书馆1980年版,第264页。
③ [英]哈耶克:《通往奴役之路》,王明毅、冯兴元等译,中国社会科学出版社1997年版,第129页。
④ [英]休谟:《休谟政治论文选》,张若衡译,商务印书馆1993年版,第27页。
⑤ 同上书,第15页。
⑥ [美]卡尔·J.弗里德里希:《超验正义:宪政的宗教之维》,周勇、王丽芝译,生活·读书·新知三联书店1997年版,第88页。

难以驾驭的怪兽，必须以种种方法限制其滥用权力之机会。方法之一就是以宪法为根本规范，将种种自由列为不可侵犯的基本人权"①。其二是在国家内部实行分权制衡。即通过对国家权力进行分割，使各个部分巧妙地实现相互之间的竞争、制约和监督，这样既可以防止统治者堕落，也可以使掌握统治者在追求自己利益的同时，增进公共利益。②

综上所述，在自由主义看来，因为人性是有缺陷的，如果没有国家的制约，人性卑劣的一面就会充分暴露。但是，国家也是一种恶，所以人们应该对它保持一种怀疑和不信任，时时刻刻需要对它进行监督和控制。

不难发现，从这样一种立场出发，自由主义的宪政国家显然是一个消极的纯粹工具性的国家。它的基本职能是"避恶"，而不是"扬善"，国家"只是一个庸俗的人类建构，不具有任何圣化的意义和伦理的及审美的价值。它的职能至为消极，没有崇高的使命和精神性职责，不需要采取主动的积极的作为。它不是社会的动力和源泉，不需要创造、推动和指导，只需对个人和社会提供外在的保护和仲裁"③。

(二) 道德中立

所谓道德中立，也就是要求国家的政策和法律必须在不同的善观念和信仰之间保持中立，不提倡一种善观念而反对另外一种善观念。反之，如果国家偏爱某一种善观念并强迫所有人认同的话，则会对信仰其他善观念的个体的自主选择权利造成侵犯。在金里卡看来，"当代自由主义的一个显著特征就是其所强调的'中立'——国家不应当奖赏或者惩罚各种有关美好生活的特定观念，而是应当提供一种中立

---

① 江宜桦：《自由主义的宪政民主认同》，载王焱主编《宪政主义与现代国家》，生活·读书·新知三联书店2003年版，第63页。

② 丛日云：《在上帝与凯撒之间——基督教二元政治观与近代自由主义》，生活·读书·新知三联书店2003年版，第181页。

③ 丛日云：《消极国家观：从基督教到古典自由主义》，《浙江学刊》2002年第2期。

的框架,使人们能够在这个框架中追求彼此不同的甚至有可能相互冲突的善的观念"①。自由主义对道德中立的强调也是出于一种对国家的强烈不信任,不相信国家能够自我约束、自觉公正地运用权力。换言之,"把道德教化的大权交给国家,谁能保证不会发生滥用权力、压制人性、扼杀思想的事情发生?国家是暴力垄断机构,而执握权力者也是人,谁能保证他们就比其治下公民更高尚,而不会假公济私,利用权力谋己之好?国家对善以及善解释权的垄断有可能制造出最大的恶"②。

在前现代世界中,世界的统一基础是一种奠基在系统性的哲学、宗教之上的世界观。这种传统的世界观是一种神学目的论世界观。古代人相信,世界是一个有意志的有机整体,并且有一个安排宇宙秩序的具有神性的绝对存在:自然。自然法是人类行动的统一法则。人类运用自己的理性去认识自然法,并按照自然法的要求去生活、交往以及实践,这种由自然法所规定的生活是人类统一的、共同的善生活。"这一格局,在中世纪基督教世界里面,没有根本的改变,只是最高意志和终极价值的渊源由'自然'变为了上帝,上帝创造和制定了自然法,人按照自然本性生活,变为按照上帝的旨意生活。善于正义,在基督教世界里面,依然是统一的。"③

然而,近代社会发生了一系列深刻的变化,目的论的世界观被彻底改变。科学革命摧毁了传统世界的根基,建立在经验之上的现代科学从事实层面证明了目的论宇宙观的虚妄,它所呈现出来的是一个以因果关系连接起来的机械的宇宙。韦伯将这个过程称为"祛魅",而"祛魅以后的世界观,把价值与意义从世界中驱除出去,世界只是由

---

① W. Kymlicka, "Liberal Individualism and Liberal Neutrality", in Shlomo Avneri and others (eds.), *Communitarianism and Individualism*, London: Oxford University Press, 1992, p. 165.
② 周枫:《自由主义的道德处境》,《福建论坛》(人文社会科学版) 2004 年第 1 期。
③ 许纪霖:《公共正义的基础》,载许纪霖主编《共和、社群与公民》,江苏人民出版社 2004 年版,第 341 页。

因果律将事态连接起来。对客观的认识只是对事实世界的描述及说明,由于世界中并不包含意义及价值,因此,它们的来源只能是由人类主观所赋予"①。这样,在"目的论宇宙观被证伪之后,机械论的宇宙观再也无法推导出普遍的意义联系,它只能证明事实是怎么样的,却无法告诉我们应该如何生活、应该做什么。事实与价值的分离,使得价值最终失去了其客观的保证。究竟什么是好、什么不好、什么是善、什么是恶,成为众说纷纭之事,进入了马克斯·韦伯所说的诸神并立的时代"②。现代社会客观价值失落的过程,实际上正是现代自我诞生的过程,即所谓的"人的发现",这是现代性的必然结果。"人的自我一步步覆盖了客观的自然和超越性的神意,价值也成为了人自我命名、自我选择的产物。"③

现代性的实质是个人主义,个人主义的核心是个人自主(autonomy),而个人自主的关键则是个人的自我选择权利的拥有。每个个体都有自主选择不同的善观念、按照不同的方式去生活的权利。也就是说,只要个人的这种选择不侵犯其他个体同样的权利,任何人都没有权利干涉,哪怕个人不选择善生活而宁愿选择平庸的生活,也不得以善的名义强迫他。泰勒这样写道:在现代社会,"每个人都有发展他们自己的生活的形式的权利,生活形式是基于他们自己对何为重要或有价值的理解。人民有责任真实地对待自己,寻求他们自己的自我实现。最后,每个人必须确定自我实现取决于什么。任何别的人都不能或不应该试图规定其内容"④。在个人主义的背景下,现代社会显然是一个价值多元的社会,"当我们说,现代社会的特色是多元主义时,它的意思就是,人们对于什么是理想人生的看法有着不同的意见,对于这些自相融贯的价值观及人生观,我们没有一个客观的标准可以判

---

① 石元康:《自由主义与现代社会》,《开放时代》2003年第1期。
② 许纪霖:《公共正义的基础》,载许纪霖主编《共和、社群与公民》,江苏人民出版社2004年版,第342页。
③ 同上书,第343页。
④ [加]泰勒:《现代性之隐忧》,程炼译,中央编译出版社2001年版,第16页。

定它们之间的高下,因为它们都是人们自己选择的结果"①。

总之,对于古典伦理学来说,其根本问题是:什么样的人生才是一个美好的人生。因为,在古典伦理学中,善是决定性的,正当是在善观念被确定之后,才被推导出来的,善就是正当。这样,古典伦理学的基本目标就是"厘清什么是美好的人生,以及德性在美好人生中所占的位置为何?它的最重要的目的并非解决人际冲突的问题"②。之所以如此,是因为根据这种道德哲学,在一个由认同一种共同的善观念的、具有德性的人所组成的社会中,人们之间的冲突会被减少到最低的程度。

而以康德为代表的现代道义论伦理学的主张则完全不同:正当优先于善。由于善观念、价值问题是个人自主选择的私人领域范围之内的事情,任何一种价值观,只要不伤害到他者,个人就有去选择、实践它的权利,政府没有权力进行干涉,这就是前述的被自由主义奉为圭臬的"伤害原则"。在自由主义看来,现代世界是一个多元的世界,对于"什么样的人生是美好的人生"这个问题,人们可以有不同的甚至相互分歧的看法,而这种分歧是一种合理的分歧,罗尔斯称为"理性多元主义"(reasonable pluralism)③。按照罗尔斯的观点,这种理性多元主义不是一种灾难,而是立宪自由制度框架内人类理性实践的恒常结果。罗尔斯如此写道:"在现代民主社会里发现的合乎理性完备性宗教学说、哲学学说和道德学说的多样性,不是一种可以很快消失的纯历史状态,它是民主社会公共文化的一个永久特征。"④

无疑,价值多元主义是现代人的宿命,"然而,一个社会要形成某种理性的秩序,总是需要某种社会整合"⑤。在传统社会,人们之

---

① 石元康:《自由主义与现代社会》,《开放时代》2003年第1期。
② 同上。
③ 参见[美]罗尔斯《政治自由主义》,万俊人译,译林出版社2000年版,第37页,第57—61页。
④ [美]罗尔斯:《政治自由主义》,万俊人译,译林出版社2000年版,第37页。
⑤ 许纪霖:《公共正义的基础》,载许纪霖主编《共和、社群与公民》,江苏人民出版社2004年版,第340页。

间统一的价值、信仰和世界观是社会联系、社会秩序的纽带。而在价值多元主义的背景下，大全式的统一价值已经灰飞烟灭，这样，传统的社会整合方式土崩瓦解，社会整合需要在一种新的基础上进行。在自由主义看来，现代社会统一的基础应该由传统的宗教及世界观（善）转变为正义（正当）。正当意味着尊重彼此的自主选择的权利，在不触及"伤害原则"的前提下，什么是善的生活、什么是美好的人生这些价值问题完全属于私人领域，可以由个人自己回答，自主选择。只要个人的选择不侵犯他人的权利，政府便无权干涉，只能对此保持一种价值的中立。政府关注的只是"正当""正义"，政府的职责就是建立一种正义的规范，以保护个人的自主选择权利，以及个人自主选择基础上的多元主义框架。

显然，自由主义权利正义观的核心是保障个人的基本权利，其基本预设是正当（权利、正义）优先于善，权利的优先性意味着国家不能以任何善的名义去侵犯个人追求合理善的权利，它维护人的基本权利的神圣地位，同时也为人们善观念的追求设定了一个界限、一个底线。正是基于这样的观点，自由主义认为，在一个价值诸神竞争的现代社会，要保障每个人自主选择善观念的权利，实现社会的有效整合，必须要在不同的价值、信仰和文化之间保持中立，给予它们平等的对待和尊重。权利优先于善的原则意味着国家要保持一种道德的中立。

道德的中立性要求国家应当平等地对待公民所追求的任何善观念，国家的任务仅仅在于制定和维持一种规则以使公民能够过他们自主选择的善生活，因为，价值多元主义的存在使得国家对任何一种善观念的偏向都会造成不公平地对待诸善观念，损害其他善观念的追求者，干涉公民的自主生活权利。在自由主义权利正义观看来，自主地选择生活方式要比按照某种既定善观念生活更为重要，而迫使公民按照国家认定的善观念生活是一种恶，"至善主义的非中立国家的代价即在于，它是压迫性的和侵犯性的国家"[①]。

[①] 顾肃：《当代自由主义对社群主义理论挑战的回应》，《哲学动态》2002年第11期。

可以看出，在道德中立的旗帜下，自由主义的基本理论关怀是关于国家权力的起源及其界限，主张明确划分公共领域和私人领域的界限，从而强烈地反对国家对个人生活的干涉。从思想史的角度来看，"从密尔到罗尔斯，自由主义政治哲学的正统立场是主张国家对于公民的道德持中立态度，因此自由主义政治哲学基本不涉及对个人道德的探讨和争论"①。密尔的学说有明显的"反至善论"倾向，在他看来，政府不能运用自己的权威来使公民在道德上完善。而德沃金则把中立性原则表述得最为明确，他认为立法者"对于那些可以称之为美好生活或什么东西使生活有价值的问题，必须保持中立。因为一个社会的公民对于什么使生活有价值具有不同的看法，如果政府对一种看法的喜好超过另一种——不论是因为政府官员认为其中一种本质上更优越，还是因为更多的人或强有力的人群主张其中一种——政府都是没有将公民作为平等的来对待"②。

显而易见，自由主义的道德态度是消极的。国家不承担道德教化的责任，不提供任何善观念，并且对所有的善观念保持一种中立的姿态。社群主义兴起之后，对自由主义的道德中立性原则进行了猛烈的批判。作为回应，自由主义者开始重新思考中立性问题，重新探讨自由与道德生活之间的关系。但是，总的来说，这些思考只是对中立性思想的一定程度的修正，自由主义不会也不可能完全放弃其中立性思想。

第三节 权利正义观的局限

无疑，自由主义权利正义观抓住了人的个体性的特质，适应了现代社会的伦理诉求，体现了现代个人的价值与尊严，具有重大的积极

---

① 徐友渔：《当代西方政治哲学中的若干新问题和新动向》（下），《国外社会科学》2003年第1期。
② 同上。

意义。然而，由于自由主义从抽象的自我出发，片面地强调了正义的个人权利维度，人的社会属性、德性品质彻底淡出了其理论视野，因此，权利正义观又暴露出了很大的局限性。

作为一种底线的正义，权利正义观承诺的仅仅是对个人基本权利的尊重和保障。在这种正义观看来，个人有权自主选择自己喜欢的生活方式和价值观念，无论这种选择是高尚的或者平庸的、道德的或者不道德的，只要不侵犯他人的权利，就具有正当性。这样，首先，从个人的角度来说，自由主义权利正义观的局限性就表现为它导致了虚无主义盛行：人的德性不断衰败，生活意义日趋丧失，认同出现危机。其次，从社会的角度来说，与上述局限性相关联，消极自由的权利诉求使得社会日趋原子化，私人领域成为个人生活的全部空间，个人关注的视野集中在自我本身，缺少应有的公共关怀：现代社会的公民成为抽空了德性范畴、不关心公共事务的、消极的、原子式的个人。正是由于个人对公共生活的参与度降低，使得现代社会政治的合法性遭遇危机。可以看出，自由主义权利正义观无疑是"纵容了这样一种'现代社会'——它以'消费者'取代'公民'，以私利取代美德，以市场取代了政治，正在瓦解社会的政治公共性，最终会威胁到自由民主制度的正当性与政治秩序"[①]。

一 虚无主义

自由主义权利正义论的局限性首先表现在它导致了虚无主义的盛行。这种虚无主义引起了人的德性的衰败，并进而使得人的生存意义逐渐丧失，认同感出现危机。

在列奥·施特劳斯看来，现代性的危机就是自由主义的危机，而这种危机的实质是虚无主义的甚嚣尘上。施特劳斯这样写道："虚无主义的世界不再有高贵与卑贱、聪明与愚蠢、优美与丑恶、深刻与肤浅、高雅与庸俗、好诗与坏诗、经典著作与垃圾作品的区分。一切都

---

① 刘擎：《反思共和主义的复兴：一个批判性的考察》，《学术界》2006年第4期。

被拉平了，一切都是平等的。"① 按照施特劳斯的看法，这种价值观念平等化所导致的结果是："德性不再被理解为一种社会应该以其为基础的超历史的标准。现在，反而把社会的标准当作道德的尺度。……与此同时，与德性相对的私欲和激情获得了解放，它们自以为是，不再受德性的限制和调节。"② 施特劳斯把这种价值拉平了的生活方式称为"堕落的自由主义"。因此，在《古今自由主义》中，施氏指出："真正的自由人今天最紧迫的责任莫过于要全力对抗那种堕落的自由主义，这种堕落的自由主义宣扬人的唯一目的就是只要活得开心而不受管教，却全然忘了人要追求的是品质高贵、出类拔萃、德性完美。"③

按照施特劳斯的观点，虚无主义的泛滥正是由自由主义的道德中立主张所造成的。在中立性的旗帜下，人们在公共生活中不再对道德和价值作出判断，不再追问"什么样的生活是美好的生活"。换句话说，自由主义权利正义论以一种相对主义取代了绝对主义，以宽容一切价值取代了价值的教化，而这恰恰是现代虚无主义之根源。

从历史的视野来看，人的德性的衰败实际上是传统意义的共同体之价值被遮蔽所造成的必然后果。从一定意义上说，现代社会正是从瓦解原先的共同体而诞生的。齐美尔指出，"如果社会学想用一种简明的方式表达现代与中世纪的对立，它可以作如下尝试。中世纪的人被束缚在一个居住区或者一处地产上，从属于封建同盟或者法人团体；他的个性与真实的利益群体或社交的利益圈融合在一起，这些利益群体的特征又体现在直接构成这些群体的人们身上。现代摧毁了这种统一性。现代一方面使个性本身独立，给予它一种无与伦比的内在

---

① 周枫：《列奥·施特劳斯为什么以及怎样批评卡尔·施米特》，《同济大学学报》（社会科学版）2005 年第 3 期。
② 同上。
③ 转引自甘阳《政治哲人施特劳斯：古典保守主义政治哲学的复兴》，载［美］列奥·施特劳斯《自然权利与历史》，彭刚译，生活·读书·新知三联书店 2003 年版，第 33 页。

和外在的活动自由。另一方面，它又赋予实际的生活内容一种同样无可比拟的客观性：在技术上、在各种组织中、在职业内，事物自身的规律越来越取得统治地位，并摆脱了个别人身的色彩"①。由于自由主义对传统的颠覆，自从现代"自我"诞生以后，人们已经不再生活于传统意义的共同体之中。现代人的生活空间是一个由"原子化的个体"组成的社会（托克维尔），一个阶级分裂和斗争的社会（马克思），一个陌生人的社会（齐美尔），或者说是一个诸神并立的社会（韦伯）。也就是说，传统意义上的共同体随着人的发现早已分崩离析。泰勒写道："我们生活的这个世界，人们有权利为自己选择各自的生活方式，有权利以良知决定各自接受哪些信仰，有权利以他们的先辈不可能驾驭的一整套方式决定他们生活的形态，这些权利由我们的法律体系保卫着。原则上，人们不再受到超越他们之上的所谓神圣秩序要求的侵害。"②

这样，从传统的共同体到现代社会，人类的道德重心发生了重大的转移。"一切都在分崩离析，昔日的大一统已经成为过去。"③ 如果说传统社会道德的重心是德性、至善，以及共同体的历史、传统、文化，那么，现代社会道德的重心则是权利、正当以及个人。罗尔斯这样说道："古代人探讨着达到真正幸福和至善的最合理的途径，他们探讨着合乎德性的行为、作为美德之品格的诸方面。……现代人首先问的问题是，他们视什么为正当理性的权威规定，关于理性的这些规定导致了权利、职责和责任。只是在此之后，他们的注意力才转向这些规定允许我们去追求和珍视的善。"④

从"共同体"到"社会"的道德重心之置换正是现代性的起点。

---

① [德] 齐美尔：《金钱、性别、现代生活风格》，顾仁明译，学林出版社 2000 年版，第 1 页。
② [加] 泰勒：《现代性之隐忧》，程炼译，中央编译出版社 2001 年版，第 2—3 页。
③ [美] 罗伯特·贝拉等：《心灵的习性：美国人生活中的个人主义和公共责任》，翟宏彪、周穗明、翁寒松译，生活·读书·新知三联书店 1991 年版，第 416 页。
④ [美] 罗尔斯：《道德哲学史讲义》，张国清译，上海三联书店 2003 年版，第 4—5 页。

现代性以理性、权利取代了传统的德性、至善。这样的后果是,"正义与善的内在联系被剥离了,由于权利就是正义,人们仅仅通过对自身权利的守护就可以达到正义了,正义所包含的道德意义也就消失了"①。也就是说,现代人在摆脱奴役、获得解放的同时,也品尝着德性之衰败乃至生存意义之失落的苦果。现代社会的虚无主义正是韦伯所谓的"意义丧失"。按照泰勒的说法,"人们过去常常把自己看成一个较大秩序的一部分。在某种情况下,这是一个宇宙秩序,一个'伟大的存在之链',人类在自己的位置上与天使、天体和我们的世人同侪共舞。宇宙中的这些等级秩序曾反映在人类社会的等级结构中。人们过去曾是被禁锢在给定的地方,一个正好属于他们的、几乎无法可以相像可以偏离的角色和处所"②。而借助于对这些秩序的怀疑,即"祛魅",现代人的自由才得以可能。"但是,这些秩序在限制我们的同时,也赋予了世界和社会生活的行为以意义。我们周围的事物不仅仅是我们计划的潜在原材料或工具,这些事物在存在之链中的地位本身也是有意义的。"③

在现代性的视野中,世界在共同体、传统以及上帝的退隐之后进入了一个全面理性化的时代。自由主义相信,理性的光芒将会照射到世界的每一个角落,把光明、真理、解放带给全人类。诚然,理性化可以除魅,但是,"阿喀琉斯在杀死自己仇人的同时,也杀死了自己。因为他自己的心灵或灵魂已经在宣泄仇恨的瞬间被自己的利剑刺穿,他作为复仇者的存在随着仇敌的死亡一道死去。当人类高高举起科学理性的利剑刺向宗教和传统时,这利剑是否同时也刺向了现代人类的心灵?或者更确切地说,当人们全身心地服膺于科学理性、甚至将之实用化为某种行为准则和行为技术时,他们的灵性与道德直觉是否也因此成为比如说现代行为技术学或技术功能主义者眼前的那种可以用

---

① 陈周旺:《正义之善:论乌托邦的政治意义》,天津人民出版社2003年版,第33页。
② [加]泰勒:《现代性之隐忧》,程炼译,中央编译出版社2001年版,第3页。
③ 同上书,第3页。

技术加以严格控制和操作的'刺激—反应'系统？"①

这样，在失去了对共同体、传统、上帝的信仰之后，人类生存意义的支点就落在了个人自我占有、自我选择的权利之上。然而，在丧失了德性关怀和形而上学维度之后，片面的权利诉求并不足以支撑起人的生存之终极意义的天空，"现代人以个人自由为最高价值，这一方面固然基于人的生命的个体性存在，另一方面，则是现代社会使然；在传统社会，人们更看重的是个人的德性而非个人自由，因为人虽然也有个人意志被干涉和强制的苦恼，但最害怕的却是脱离群体。但在现代社会，个人自由在越来越充分地实现的情况下，他们的关系却冷淡了疏远了，整体感消失并因此而无聊甚至反社会，人的生活的意义问题发生了危机。人生的意义不能缺少自由的维度，但只有自由还不足以建立起意义世界"②。

祛魅之后，现代人面临着重建价值自我的任务。然而，现代的权利自我是单子式的，按照麦金太尔的观点，"这种没有任何社会规定性的自我，即不具有任何必然的社会内容和必然的社会身份的自我，是当代道德问题的最深刻的根源所在。……进入现代以来，客观的、非个人的道德标准丧失了，道德的标准只能出于自己，对任何事物都可以从自我所采取的任何观点出发，每个人都可以自由选择那种他想成为的人以及他所喜欢的生活方式。这种自我可以是任何东西，可以扮演任何角色，采纳任何观点。因为他本身什么都不是，自我不过是角色之衣借以悬挂的一个'衣夹'。这种社会现实导致了道德的解体和道德相对主义"③。这正是现代虚无主义之道德困境的渊薮。这种危机的实质在于，现代个人主义只看到整体可能是奴役的根源，而没有看到整体同时也是意义的源泉。鲍曼这样写道："共同体是一个

---

① 万俊人：《现代性的伦理话语》，黑龙江人民出版社 2002 年版，第 22 页。
② 张曙光、戴茂堂：《价值的存在论研究》，《北京师范大学学报》（社会科学版）2006 年第 5 期。
③ ［美］麦金太尔：《德性之后》（译者前言），龚群、戴扬毅等译，中国社会科学出版社 1995 年版，第 6 页。

'温馨'的地方,一个温暖而又舒适的场所。它就像一个家,在它的下面,可以遮风避雨;它又像一个壁炉,在严寒的日子里,靠近它,可以暖和我们的手。"① 不难发现,要真正实现正义、实现自我,从而拯救现代性的危机,就必须要唤回被驱逐的共同体、传统以及德性。简言之,"现在,处于高度分化中个人作为身心一体的有限的人,也只能由直接生活于其中的共同体满足情感和日常生活的需要,但他却又被无人格的市场和管理体系及其竞争关系置于单向度的非社会化状态。这就是现代性问题的症结,而个人生活的重新社会化同时也是新的生活共同体的建立,则是现代性的化解之道"②。当然,对整体、传统的呼唤并不是简单地发思古之幽情,共同体、传统、德性必须被置于一种与现代个人主义相容的语境之中。

二 合法性的危机

如果说,从个人的角度来看,自由主义权利正义论的局限性表现为人的德性之衰败以及生存意义之遮蔽的话,那么,从社会整合的角度来看,它的局限性就表现为现代社会之政治合法性的危机。而合法性危机的根源则是所谓的"原子主义"。

按照查尔斯·泰勒的看法,"原子主义"是权利自由主义的本质特征。也就是说,自由主义主张一种抽象的权利正义理论,它力图撇开具体的社会历史条件,幻想出以原子式的个人为基础的"自然状态"(洛克)或"原初状态"(罗尔斯),并在这种理想化的状态中探讨人的自由。

在自由主义看来,个人的权利至高无上,而政治社会的目的只是保护个人的各项基本权利,它仅仅是一种人为的工具,是人们之间为了获得更好的秩序和维护共同的生活而达成的一种协议。换言之,在

---

① [英]鲍曼:《共同体》(序曲),欧阳景根译,江苏人民出版社2003年版,第2页。

② 张曙光:《人的自我中心与理性》,《学习与探索》2006年第1期。

自由主义社会中,每个个体都在选择自己的目标、追逐自己的利益,社会不存在任何外在于个体的价值目标。即使有所谓的共同目标,也仅仅是制订一些社会规则,这些规则的功能正是在于保障每个个体更好地实现自己的目标。因此,这些规则只具有工具性的意义,它是个人目标以及基本权利的制度保证。不难看出,自由主义完全是从个人的自由权利出发来考量国家权力的来源和性质,并进而规范国家道德中立的行为准则及其制度安排。显而易见,自由主义斩断了人的社会、整体根源,然而,没有社会根源的个人自由必然是空洞的,在现实生活中必然表现出极端的原子化的倾向。黑格尔这样说道:"自由主义是以原子论的原则为基础的,这一原则坚持以个别人的意志为归依,强调所有的政府都应该从它们明确界定的权力出发并获得各个人的明确的认可。"[1] 泰勒把原子化的个人主义看作现代性的主要隐忧,"个人主义导致以自我为中心,以及随之而来的对那些更大的、自我之外的问题和事务的封闭和漠然,无论这些问题和事务是宗教的、政治的,还是历史的。其后果是,生活被狭隘化和平庸化"[2]。

历史地看,正是由于原子主义的泛滥导致了人的公共精神的失落。人们不再关心公共生活,而是沉溺于自己的私人领域。泰勒这样警告道:"在一个社会里,如果人民最终成为那种'封闭在自己的心中'的个人,那么几乎没有人愿意主动地参与自我管理(self-government)。他们宁愿留在家里享受私人生活的满足。"[3]

而工具理性的扩张以及功利主义的盛行进一步助长了我们生活的狭隘化。按照泰勒的看法,"一旦社会不再有一个神圣结构,一旦社会安排和行为模式不再立足于事物的秩序或上帝的意志,这些社会安排和行为模式在某种意义上就可以嬗变由人。我们可以重新设计它们,我们的目的是让它们产生个人的福祉安康。因此管用的尺度就是

---

[1] 参见郁建兴《自由主义批判与自由理论的重建》(序),学林出版社2000年版,第6页。
[2] [加]泰勒:《现代性之隐忧》,程炼译,中央编译出版社2001年版,第17页。
[3] 同上书,第11页。

工具主义理性的尺度"①。泰勒进一步援引马克思的说法论证了这一观点,"大约150年前,马克思在《共产党宣言》中写道,资本主义发展的结果之一就是'一切固定的东西都烟消云散了'。该断言是指,过去服务于我们的那些可靠的、持久的、总是意味深长的东西,正在让位给那些堆积在我们周围的快捷的、廉价的、可替换的商品"②。

这样,随着商业时代的来临,原子主义和功利主义大行其道,现代人逐渐退化成为一群追求私利、贪图享乐的"经济动物"。在现代人看来,市民社会中的私人生活远远比共同体、德性以及信仰更为重要,他们不愿意离开充斥着物欲和感官享受的私人领域。然而,市民的道德是公共政治生活的天敌,一个庸俗的、自利的市民社会必然伴随着"政治冷漠症"的流行。一方面,积极公民的共和思想被人们视为迂腐过时,公民美德不再为人们重视,"资本主义机器一经发动,人们便被迫主动或被动地纳入其轨道,惟利是图的资产阶级、落魄的无产阶级,取代了讲究美德、追求荣誉的共和公民"③。正如托克维尔所言,在民主的时代,人们往往只寻求一种"粗鄙和渺小的快乐","民主主义不但使每个人忘记了祖先,而且使每个人不顾后代,并与同时代人疏远。它使每个人遇事总是只想到自己,而最后完全陷入内心的孤寂"④。另一方面,自由主义认为,政治活动的目标仅仅是私人偏好的满足和集团利益之间的博弈。从这种观点出发,政治活动被自由主义视为一种市场的过程,有一只"看不见的手"在政治机制中发挥着作用。因此,自由主义得出结论,政治活动只是工具性的,本身不具有任何内在价值,公民广泛的政治参与是没有必要的。这样,政治的专业化使得普通人由古代社会的全职公民变成了现代社会的兼

---

① [加]泰勒:《现代性之隐忧》,程炼译,中央编译出版社2001年版,第5—6页。
② 同上书,第7—8页。
③ 陈伟:《共和主义的自由观念——试论昆廷·斯金纳的共和主义思想史研究》,《南京社会科学》2004年第7期。
④ [法]托克维尔:《论美国的民主》(下卷),董果良译,商务印书馆1988年版,第627页。

职公民。可以看出，在自由主义的语境中，原子式的个人不可能成为担当政治上的责任和义务、富有爱国情怀和公共精神的公民。简而言之，在私人领域之绝对优先性的意识形态下，人们把获得实用价值作为人类生活的主要目标，从而对公共事物漠不关心。这种立场所造成的致命后果是：实现个体欲望的社会经济领域与承担公共责任的国家政治领域之间的鸿沟日益扩大，现代政治的合法性由于公民的自我封闭和政治冷漠而遭遇到了一种空前的危机。

本章通过对自由主义权利正义观的剖析，一方面揭示了人的权利对于正义的基本价值，另一方面论述了权利正义观的理论限度。总而言之，从古代社会到现代社会，正义的核心关怀自始至终是人的自我价值的实现。在自由主义权利正义观的理论架构中，由于对整体主义在自我实现（德性）的名义下对自我之吞噬的恐惧，现代的自我实现以及社会秩序的整合转而奠基于一种个人主义的视角。这样，现代的正义是一种关于个人自我占有、自我选择之权利的正义，即保障每个人的基本权利的底线的正义。在个人主义看来，整体（社群、传统）是造成奴役的根源，人的自我价值的实现非但无须共同体、传统的嵌入，恰恰相反，自我的实现正是依赖于对共同体及其传统的摆脱。可以看出，自由主义理想中的人的自我实现是摆脱了共同体以及历史传统的"无负担"（桑德尔）的个体的自主选择，这种自主的选择——无论主体选择什么——证明了人的能力、价值、尊严以及主体地位。然而，抛弃了共同体、历史的个人并没有真正地实现自我，得到实现的只是人的"私欲和激情"（施特劳斯），只是一种"粗鄙的快乐"（托克维尔）。概而言之，在工具主义的刺激下，人日渐堕落为消费的、感官的、缺少公共关怀的动物式存在。这样所造成的结果是，一方面，意义的地平线消失了；另一方面，政治的合法性出现了危机。正是在这种背景下，社群主义对自由主义权利正义观发起了批判。"80年代末，许多政治哲学家都从这样一个问题开始研究：这就是，正义能否与善的考量分离开来？在阿拉斯戴尔·麦金太尔、查尔斯·

泰勒、麦克·沃尔泽和我自己的著作中,对当代权利取向的自由主义提出了挑战,这种挑战被描述'共同体主义'对自由主义的批判。"①桑德尔如是说。

---

① [美]桑德尔:《自由主义与正义的局限》,万俊人等译,译林出版社2001年版,第225—226页。

第 四 章

社群主义正义伦理的德性进路

显然，自由主义权利正义观彰显了正义的权利之维，然而，这种理论对个人权利的强调是片面而抽象的，因为它建立在对德性、共同体以及传统背离的基础上。这样的后果是，正义的另一个支点——德性[①]——坍塌了。

与自由主义恰恰相反，社群主义把德性作为正义问题的首要考量。如果说权利正义观是康德的"人是目的"这一观点的诠释的话，那么，德性正义观则是亚里士多德的"人是政治（社会）动物"这一观点的注脚。在社群主义德性正义观看来，一方面，人的自我实现意味着个体对德性、传统、共同体之整体价值的体悟和觉解；另一方面，社会秩序的整合是建立在具有德性的个体之间对共同体的内在认同的基础之上。显而易见，社群主义凸显了正义的德性之维。但是，德性正义的理论建构也存在着致命的局限。德性伦理似乎走向了与自由主义相反的另一个极端：德性、共同体、传统成了正义的全部，"权利"沦为"至善"的附属品。因此，和自由主义的命运相同，正义的理想对于社群主义来说也是不可能完成的任务。

[①] 无论是在以亚里士多德为代表的古典伦理学中，还是以康德为代表的现代伦理学中，"德性"都是一个关键词。"德性"概念存在着古今的分野，按照麦金太尔的论述，古典意义的德性是和社群、传统联系在一起的，是"复数的"，而现代自由主义的德性则是"单数的"，它和社群、传统的联系被割断。本书中的德性是麦金太尔所谓的古典意义上的。

第一节 德性、至善与共同体(社群)

作为正义的一个不可或缺的维度,德性是人的一种内在的品质。与权利正义观对权利的强调不同,在德性正义观看来,德性的拥有是人的自我实现的根本标志。也就是说,在德性伦理的理论架构中,"德性作为人格主体自身的价值,决定了德性是生命价值之源"①。柏拉图这样写道:"那些没有经历智慧和美德,始终热衷于吃喝的人会下降,终其一生就在我们所说的中间和下面这个范围内变动,但绝无可能超越这个范围。他们不会向上仰望真正的上界,或向上攀援进入这个区域,品尝稳定、纯粹的快乐。他们眼睛只会向下看,盯着餐桌上的美食,就像牲口只顾吃草,只顾雌雄交配一样,永远那么贪婪。"② 换言之,德性构成了人之为人的内在本质。现代社群主义继承了传统德性伦理的这一观点。在麦金太尔等人看来,只有具有德性的人才能在实践过程中获得一种"内在利益",从而获得至善和人生的幸福,并进一步达到人生的卓越和完善。

总而言之,社群主义德性伦理与古希腊以来的目的论伦理学一脉相承。如果说,至善构成了人的德性的源泉和根据的话,那么,共同体及其历史、传统、文化则构成了德性、至善的现实载体。

一 德性的概念及其特点

德性概念长期以来一直是伦理学关注的焦点。所谓德性,是指主体在处理人与自然、人与社会、人与自身之间关系的生命活动中,道德内化于自我所形成的一种内在品质、一种向善的精神定势。"德性可以被定义为一种比较稳定和持久的履行道德原则和规范的个人秉性

---

① 陈根法:《德性论》,上海人民出版社2004年版,第5页。
② [古希腊]柏拉图:《柏拉图全集》(第2卷),王晓朝译,人民出版社2003年版,第603页。

和气质。……也可以说就是使道德原则、义务、高尚纳入到了我们的个性、本性之中,成为了一种真正稳定地属于我自己的东西。"①

德性是一个古老的词语,英文的"德性"(virtue)来自希腊语 arête。arête 与"是/存在"相联系,因为一个事物之所以成为该事物,是通过其主要特性显现出来的。在《荷马史诗》中,德性一词被用于表达任何一种"卓越",是对人的一种向善的内在品质的描述。德性体现了人的这样一种品质:它们能够使人做到自己的角色所要求做的事情。换言之,"德性是人类为了幸福、欣欣向荣、生活美好所需要的特性品质"②。

在亚里士多德那里,德性泛指一种使事物完美的特性,"一切德性,只要某物以它为德性,它就不但要使这东西状况良好,并且要给予它以优秀的功能。例如眼睛的德性,就不但使双目明亮,还要使它的功能良好(眼睛的德性,就意味着视力敏锐)。马的德性也是这样,它要使马成为一匹良马,并且善于奔跑……"③ 在涉及人的时候,亚里士多德沿袭了英雄时代对德性的看法,"人的德性就是种使人成为善良,并获得其优秀成果的品质"④。从这样的观点出发,亚里士多德进而认为,德性是一种使个人能够实现人的特有目的的内在品质。这种德性品质是人之为人的内在规定,是实现人与自然、人与社会以及人与自身之间和谐的动力。亚里士多德写道:"人一旦趋于完善就是最优良的动物……一旦他毫无德性,那么他就会成为最邪恶残暴的动物,就会充满无尽的淫欲和贪婪。"⑤

在中世纪,德性的核心在于如何处理人与上帝的关系。质言之,

---

① 何怀宏:《伦理学是什么》,北京大学出版社2002年版,第149页。
② 高国希:《当代西方的德行伦理学运动》,《哲学动态》2004年第5期。
③ [古希腊]亚里士多德:《亚里士多德全集》(第8卷),苗力田译,中国人民大学出版社1994年版,第34页。
④ 同上。
⑤ [古希腊]亚里士多德:《亚里士多德全集》(第9卷),颜一、秦典华译,中国人民大学出版社1994年版,第7页。

"中世纪最重要的德性就是信仰、希望和爱上帝(信、望、爱)"①。在基督教神学看来,德性是一种人类在人生旅途中克服罪恶、拯救自我、完善自我的品质与能力。总的来说,尽管基督教哲学家与亚里士多德的观点之间存在着很大的差异,但是两者的根本点是相同的:都将德性与个人在共同体中所担当的社会角色联系起来,并进而将德性与生命的价值与意义、人的自我实现联系起来。按照麦金太尔的观点,这是自亚里士多德以来一直到现代社群主义的德性伦理之一以贯之的传统。

作为德性伦理的核心概念,德性具有如下特点。其一,作为人的内在品质的德性是一个整体的概念,具有整体性的特点。也就是说,尽管德性可以分解为各种德目,一个人可能会具有诸多不同的德性,如智慧、勇敢、节制、善良等,但是,真正的德性是作为一个整体而存在的。麦金太尔指出,"在某人的生活中的一个德性之整体,唯有作为一个整体生活,即一个能被看作也可以被评价为一个整体的生活的特征才是可理解的"②。

因此可以看出,德性不是表现为人的没有关联的各种品格,它所表征的是作为整体的人的存在。德性的这种整体统一性以人格作为其表现形态,而人格的高尚或者卑劣就是一种衡量个体之道德境界的尺度。也就是说,"人格是对一个人的稳定品格的总体的、全面的描述。我们一生的追求都可以归结到我们究竟想成为一个什么样的人"③。不难看出,人格体现了作为整体的德性的力量。相对于林林总总的各种德目,人格从整体上体现了人的价值性存在,"以人格为形式,德性统摄、制约着人的日常存在"④。

其二,作为人的内在品质的德性还具有稳定的特点。德性通常表

---

① 高国希:《走出伦理困境》,上海社会科学院出版社1996年版,第115页。
② [美]麦金太尔:《德性之后》,龚群、戴扬毅等译,中国社会科学出版社1995年版,第258页。
③ 何怀宏:《伦理学是什么》,北京大学出版社2002年版,第150页。
④ 杨国荣:《伦理与存在:道德哲学研究》,上海人民出版社2002年版,第140页。

现为人的一种向善的精神意向,这种向善的精神意向不是灵光乍现或者突发奇想,而是一种源自于人的内在人格的稳定的精神定势。"德性本质上并非与生俱来,而是获得性的品格,但德性一旦形成,便逐渐凝化为较为稳定的精神定势。这种定势在某种意义上成为人的第二天性,并相应地具有恒常的性质。人的具体境遇可以变化,但德性却往往并不随境遇的变迁而变迁;境遇的可变性与德性的相对不变性,从一个方面表现了德性的稳定趋向。"① 换句话说,真正具有德性的人,不管其外在的具体境况如何变化,其内在的德性品质却一般不会随波逐流。

作为历史过程中的存在,人总是不断地追求自身多方面的完善。恩格斯指出,"人来源于动物界这一事实已经决定人永远不能完全摆脱兽性,所以问题永远只能在于摆脱得多些或少些,在于兽性或人性的程度上的差异"②。而德性正是人在不断超越自身的生命过程中所获得的一种优秀的人性品质,它的获得意味着人的精神达到了一个高尚的境界。正如包尔生所言,德性"就它们代表着善者的品性而言,它们也不仅是一个外在的目的的外在的手段,而是本身也是完善的人生和至善的一部分。同样,作为德性的表现的道德行为同时也是目的的实现,而不仅是外在的手段"③。总而言之,德性是一种主体超越自我、完善自我的必要品质,正是在这种超越完善中,人才有可能不断实现生命的意义和人生的价值。

二 至善与人生的目的

在德性正义观看来,对于人类的美好生活而言,德性是一个必要的内在条件,没有德性,也就没有人类生活的美好和幸福。那么,进

---

① 杨国荣:《伦理与存在:道德哲学研究》,上海人民出版社 2002 年版,第 141 页。
② [德] 马克思、恩格斯:《马克思恩格斯选集》(第 3 卷),人民出版社 1995 年版,第 442 页。
③ [德] 包尔生:《伦理学体系》,何怀宏、廖申白译,中国社会科学出版社 1988 年版,第 213 页。

一步追问：德性的根据是什么呢？在德性伦理看来，作为人的一种内在品质，德性正是表现在人对至善的追寻过程之中。也就是说，至善构成了德性的内在根据和源泉，是人生的目的之所在。

善是西方伦理学中的一个基本概念。柏拉图说道："善的理念是最大的知识问题，关于正义等等的知识只有从它演绎出来的才是有用的和有益的。"[①] 而在金字塔般的善的概念体系中，至善是一种最高的目的。"按传统的看法，至善是人在将自己的价值异化的过程中产生的形上理想，成就于外在目的论。"[②] 按照德性伦理的观点，作为最高的目的，至善具有理想性，是人生的意义之所在，是个体道德追求的终极目标。

以至善为核心的道德观的根源可以追溯至苏格拉底。有学者认为，"如果说德性之根在于人对自身本性或生命意义的反思，那么苏格拉底就是寻求这德性之根的第一人"[③]。苏格拉底首次提出了"善本身"的概念，它超越了一切具体的善之上，是一种"至善""最高的善"，而神或者上帝则是这种善的根源。在苏格拉底看来，宇宙万物都是神为了满足自己的目的而创造出来的作品，世界上的一切都被安排在一个由低级到高级、由简单到复杂，最后统一到神的旨意的目的系统中。事物的根据并非出自那些偶然的、机械的原因，而是出自世界的最终目的：神。[④] 苏格拉底试图以这样一种神学目的论来提升希腊人的道德意识。在他看来，德性就是人认识自身本性的知识。苏格拉底所谓的认识实际上是指人对自身的理性本质的体悟，而他的理性的最高诉求就是至善，这就是说，作为理性的人必须要追求至善，"最高的善"是出自人之本性的对自身生命价值的最高期许。无疑，

---

① ［古希腊］柏拉图：《理想国》，郭斌和、张竹明译，商务印书馆1986年版，第260页。
② 王天成：《至善、自由与生命》，《天津社会科学》2001年第4期。
③ 同上。
④ 参见北京大学哲学系外国哲学史教研室编译《古希腊罗马哲学》，商务印书馆1961年版，第167—175页。

在苏格拉底哲学中,理性是一种整体的、目的论的理性,理性、德性、至善是一个完整的和谐统一体。

苏格拉底的"最高的善"的概念,在柏拉图的哲学中逐渐被本体化。柏拉图进一步把至善定义为"善的理念"。所谓"善的理念",是"一种最高的理念,统治着一个彼岸的理念世界"①。这种最高的善的实质就是苏格拉底所谓的神。不难发现,中世纪基督教神学的理论来源就是这种把至善作为世间万事万物的最高目的的哲学观念,是"至善在希腊后期和中世纪相继被完全本体化和神化的产物"②。

神学目的论在古典时期的集大成者是亚里士多德。在亚里士多德看来,宇宙是一个有生命的,自我发展、自我实现的有机体,它包含着不同层次的目的,神或上帝是世界的最高目的,是最高的善,安排了整个宇宙的所有活动。

前现代社会的人们相信,至善是人之为人的目的,是人作为一个种属概念所特有的追求目标。换言之,在德性伦理看来,至善对人类而言意味着人生的幸福和意义感的获得。麦金太尔这样写道:"善又是这样一些品质,拥有它们就会使一个人获得幸福,缺少它们就会妨碍他达到这个目的。"③德性伦理的幸福指的就是"良好的生活和在良好的生活中的良好行为的状态"④,是人合理地节制动物本能,从而使自己的人格、德性不断趋向完善。显然,幸福不是金钱、荣誉等感性欲望的满足。可见,在德性伦理的理论视野中,德性与幸福是统一的,对至善的追求是获得人生幸福的必由之路,人类只有不断追求智慧、勇敢、节制等美德,追求自我的完善,才能获得幸福和人生的价值。

在中世纪,基督教哲学认为人在世俗生活中是没有真正的幸福可言的,人生是一个不断向上帝赎罪的过程。按照麦金太尔的看法,

---

① 邓晓芒:《西方伦理中的善》,《社会科学战线》2001年第5期。
② 王天成:《至善、自由与生命》,《天津社会科学》2001年第4期。
③ [美]麦金太尔:《德性之后》,龚群、戴扬毅等译,中国社会科学出版社1995年版,第187页。
④ 同上。

"在典型的中世纪框架中，核心特征是关于追寻或游历的故事。人在本质上是个过程。他所追寻的目的，是那种只要能够达到，就能补偿他一生的全部过错的东西"[①]。因此，为了获得救赎，人们必须信仰上帝这个至善。可以看出，中世纪的德性伦理与古希腊的德性伦理一脉相承，仍然是目的论的。

启蒙运动以后，对人类社会进行解释的科学主义、机械主义模式取代了亚里士多德式的神学目的论模式，超然的客观价值的存在沦为一种笑柄，作为德性之根据的超然的至善当然也遭到了否定。这样，古典意义上的德性由于丧失了客观的根据而处于道德的边缘。在麦金太尔看来，历史中曾经存在的完整的德性，在现代社会已经被完全毁坏，剩下的只是碎片化的道德语言与道德现象。道德已丧失了其自身的价值，沦为一种工具性的的存在。社群主义由此认为，西方社会的此种发展路向，必然导致道德的完全崩溃。

按照麦金太尔的看法，现代社会的德性是一种"单数的德性"，古代社会的德性则是一种"复数的德性"。现代的德性所指向的是和平的生活（peaceful life），其核心是弃恶；古典的德性所指向的则是美好的生活（good life），其核心是扬善。质言之，现代社会的多元性决定了现代德性只能对诸善保持中立，而古典德性的关键则是一种至善的理念。如前所述，这种作为古典德性立足点的至善理念预设了一种目的论的观点。麦金太尔相信，道德的"真正客观的非个人的"根据是存在的。麦金太尔把这种德性准则的根据，称为"人整体生活的善"，"我已指出，除非有一个目的，一个借助构成整体生活的善，即把一个人的生活看成是一个统一体的善，而超越了实践的有限利益的目的，否则就将是这两种情形：某种破坏性的专横将侵犯道德生活；我们将不能够适当说明某些德性的背景条件"[②]。毫无疑问，所谓的

---

① [美]麦金太尔：《德性之后》，龚群、戴扬毅等译，中国社会科学出版社1995年版，第220页。
② 同上书，第256页。

"复数的德性"是一种古典意义的道德，强调的是德性有一个支配性的人生目的。人们对道德的遵守，是其内心德性的要求，也就是说，"至善"是人们追求的最高目标。可以看出，以麦金太尔为代表的现代社群主义力图接续亚里士多德的目的论传统，然而，在现代社会，这种对目的论显然不能是神学的，德性、至善的载体只能是共同体（社群）。

三 共同体（社群）

如果说，对至善（逻各斯）的追求构成了德性品质的形上根据的话，那么，共同体（空间）的存在则构成了德性品质的现实载体。德性伦理学执着于亚里士多德式的对至善与德性的社会背景之关联意义的理解。在他们看来，在一个共同体中，对共同利益（至善）的追求，是传统德性赖以存在的一个基本社会条件，德性是在共同体的内部通过人的实践活动建立起来的。质言之，至善是一种共同性的善，德性是人的内在品质，是共同体得以建构的内在条件，而共同体则是一种至善、德性的存在空间。

在西方政治哲学中，共同体（社群）一词古已有之，"共同体"与"自我"分别构成了政治哲学中的两极。德性伦理认为，共同体是一个拥有某种共同的价值、规范和目标的实体。在共同体中，每个成员都把共同的目标当作自己的目标。对德性伦理来说，"共同体描述的，不只是他们作为公民拥有什么，而且还有他们是什么；不是他们所选择的一种关系（如同在一个志愿组织中），而是他们所发现的依附；不只是一种属性，而且还是他们身份的构成部分"①。

共同体概念源出于亚里士多德。亚里士多德把共同体界定成一个为了达到某种共同的目的而组成的关系或团体。亚里士多德说："我们看到，所有城邦都是某种共同体，所有共同体都是为着某种共同的

---

① [美]桑德尔：《自由主义与正义的局限》，万俊人等译，译林出版社2001年版，第181—182页。

善而建立的（因为人的一切行为都是为着他们所认为的善），很显然，由于所有的共同体旨在追求某种善，因而，所有共同体中最崇高、最有权威，并且包含了一切其他共同体的共同体，所追求的一定是至善。这种共同体就是所谓的城邦或政治共同体。"① 在这种"政治共同体"内，公民们共同追求完善的生活，并赋予共同体以道德内涵。在亚里士多德看来，人类组成共同体有着自然的必然性，"人是政治动物，天生要过共同的生活。这也正是一个幸福的人所不可缺少的"②。这就是说，人从来没有也不可能以单独的个人形式存在，只有结合在城邦和国家之中，人才能满足自己的物质需要和精神需要，才能充分体现自己生之为人的本性。个人和国家之间的关系，就犹如生命有机体的各个组成部分和整个有机整体的关系一样，是部分和整体之间的关系。一个人如果脱离了城邦，就不成其为人。"城邦作为自然的产物，并且先于个人，其证据就在于，当个人被隔离开时他就不再是自足的；就像部分之于整体一样。不能在社会中生存的东西或因为自足而无此需要的东西，就不是城邦的一个部分，它要么是只禽兽，要么是个神，人类天生就注入了社会本能，最先缔造城邦的人乃是给人们最大恩泽的人。人一旦趋于完善就是最善良的动物，而一旦脱离了法律和公正就会堕落成最恶劣的动物。"③ 按照亚氏的观点，人总是追求着至善和普遍的幸福，但是个人无法独自达到这个目的，而只能在共同体、国家中才能实现完美的人生。也就是说，人只有通过社会政治生活中才能实现自己的本质和使命，才能成为一个具有美德精神的良好公民，从而过上幸福美好的生活。

无疑，古典时期的德性伦理是在一种目的论的视野中把德性看作

---

① ［古希腊］亚里士多德：《亚里士多德全集》（第9卷），颜一、秦典华译，中国人民大学出版社1994年版，第3页。
② ［古希腊］亚里士多德：《亚里士多德全集》（第8卷），苗力田译，中国人民大学出版社1994年版，第205页。
③ ［古希腊］亚里士多德：《亚里士多德全集》（第9卷），颜一、秦典华译，中国人民大学出版社1994年版，第7页。

自然、上帝本性的体现，这种德性伦理被深深地打上了神学的烙印。随着现代人用科学理性祛除了自然、社会和人类精神生活之"魅"，超验的自然、上帝已经死亡，共同体的传统亦遭到冷遇。这样，以至善、共同体为基础的德性也无可挽回地失落了。然而，现代理性在杀死上帝、弃置传统、背离德性的同时也遗失了人生的信仰和意义，人被置身于物欲的宣泄和意义的荒芜之中。这是现代性道德困境的本体论根源。

正是在这种背景下，接续亚里士多德传统的社群主义应运而生。社群主义继承了亚里士多德传统对德性、至善、共同体的重视。当然，现代社群主义的德性并非建立在神学的基础之上，在他们看来，德性的基础和源泉乃是共同体的传统、风俗，而非具有超验的自然和上帝。

西方政治思想史上第一次对共同体作出系统论述的是德国社会学家滕尼斯。在《共同体与社会》一书中，滕尼斯指出，共同体是基于自然意志，如情感、习惯、记忆等，以及基于血缘、地缘和心态而形成的一种社会有机体，包括家庭、邻里、村落和城镇。这些组织的功能，犹如一种生命有机体，在其中，每个人都拥有自己的成员资格，并扮演着不同的角色，在共同体中寻求着各自的生存意义和归属感。显而易见，在滕尼斯看来，共同体的主要标志不是利益，而是人们的出身、习惯和认同。①

当代的社群主义者秉承了上述关于共同体的基本思想。在社群主义看来，现代性危机产生的根源正是由于自由主义忽视了共同体的价值，从而使得个人主义得到极端发展所造成的后果。按照社群主义的观点，自由主义颠倒了个人与共同体之间的关系，把个人置于共同体之前，主张个人权利的绝对优先性，而没有认识到任何个人及其权利都必然是社会的产物，都是历史地形成的。因此，自由主义权利正义观无法解决自我与共同体之间的矛盾，从而使得现代性道德陷入了危

---

① 俞可平：《社群主义》，中国社会科学出版社2005年版，第72—73页。

机：原子化的个人主义不仅破坏了传统的德性社会，也让我们所欲求的美好社会成为空中楼阁。

社群主义的主要特征就是强调个人与共同体、历史、传统之间的联系。一方面，任何个人都必定生活在一定的共同体之中，生活在一定的社会历史与文化关系之中。个人是社会发展过程中的一个环节，是历史的产物。概言之，共同体的历史、传统以及价值文化的积淀成就了个人；另一方面，对于个人来说，共同体是一种内在的需要，只有通过共同体，个人的生命才有价值和意义。也就是说，共同体塑造了个人的价值、理想，塑造了自我的认同，只有共同体才能满足人的情感归属以及认同的需要。

麦金太尔认为，人只有生活在一个一以贯之的共同体的传统中，才是一个完整的人；只有借助于历史、文化、传统，个体才能获得自我理解的能力，才能过上有价值的生活。麦金太尔说："我发现自己是历史的一部分，一般地说，无论我是否愿意，无论我是否认识到这一点，我都是传统的一个承担者。"① 在麦金太尔看来，自由主义不仅误解了个人与社会之间的关系，而且对自我作了非历史、反传统的理解。针对自由主义主张的"没有历史的自我"，麦金太尔指出："我从我的家庭、我的城邦、我的部落、我的民族承继了它们的过去，各种各样的债务、遗产、合法的前程和义务。这些构成了我的生活的既定部分，我的道德的起点。在一定程度上，正是这一切使我的生活有着它自己的道德特殊性。……我的生活的故事是永远被包含在我得到我的身份的那些社会共同体的故事中。我的出生就带着一个过去，可个人主义者的模式则力图把我自己与这个过去切断，而这就要扭曲我现在的关系。一种历史身份的占有和一种社会身份的占有是重合的。"②

---

① Alasdair MacIntyre (ed.), *Communitarianism: A New Public Ethics*, Belmont, California: Wadsworth Publishing Company, 1994, p123.
② [美]麦金太尔：《德性之后》，龚群、戴扬毅等译，中国社会科学出版社1995年版，第277—278页。

而在桑德尔看来，自由主义建构其正义理论的前提是预设了一个孤立的、脱离社会背景的主体。按照桑德尔的看法，自我不可能先于其价值和目的，正是价值和目的决定着自我。这些价值和目的并非先天地形成的，而是由社会的历史、文化以及传统塑造的结果。因此，任何单个的个人都是共同体的历史和传统长期熏染的产物。桑德尔提出了三种不同性质的：工具意义上的、感情意义上的和构成意义上的共同体。他所强调的是构成意义上的共同体。桑德尔认为，所谓构成性的共同体，即个人所属的共同体，在一定程度上构成个人的自我认同，这种共同体"不只是描述一种感情，还描述一种自我理解的方式，这种方式成为主体认同的组成部分"①。简而言之，个人的目的不可能独自实现，而必须在与他人共同的追求中才能实现。而在共同体中，这些与他人共同追求的理想成为与自我不可分割的、构成自我本质的基本要素。

同样，丹尼尔·贝尔也认为，"社群化社会的思想是，社会是一切理论的终点——不管我们喜欢与否，不论我们知道与否，我们都深深植根于我们所在的社会里"②。在他看来，自由主义那种认为我们的所作所为完全是我们个人自由意志的观点建立在一个错误的假设之上，因为，"社群隐蔽的手，可以比喻说就是社会惯例，通常决定我们多数人做什么，而我们从来都觉察不到"③。这就是说，我们通常的生存模式是，我们总是下意识地按照惯例、传统、文化所规约的方式行动，社会一直以一种潜移默化的方式告诉我们在一定的情况下做什么和不做什么。因此，"没有一个社群的观念，个人的权利就无法长期存在。社群观念既承认个人的尊严，也承认人的生存的社会

---

① [美]桑德尔：《自由主义与正义的局限》，万俊人等译，译林出版社2001年版，第181页。

② [美]丹尼尔·贝尔：《社群主义及其批评者》，李琨译，生活·读书·新知三联书店2002年版，第10页。

③ 同上书，第11页。

性"①。

实际上，社群主义心目中的共同体，就是亚里士多德所说的那种为了达到最大和最高的善而组成的人类团体或人类关系，也即政治共同体。在这一点上，自由主义对社群主义的批评是正确的，现代德性伦理实质上没有把共同体与政治共同体区分开来，而这恰恰是德性伦理之最为世人所诟病之处。

第二节 德性本位的社会及其特点

如果说自由主义理想中的社会是一个以权利为本位的社会的话，那么，社群主义的社会图景则是以德性为本位。换言之，在社群主义德性正义观的理论视野中，社会的整合、良好秩序的形成建立在具有德性的个体对社会的内在认同的基础上。这种以德性为本位的社会体现了下述特点：其一，国家是积极的；其二，公民也是积极的。

一 德性本位的社会秩序

在《德性之后》一书中，麦金太尔将古典式的道德称为"德性的道德"，而将现代性道德概括为一种"规则的道德"。在他看来，无论是现代道德哲学还是道德实践，都充斥着规则至上的工具主义取向。按照麦氏的观点，在规则伦理占统治地位的现代背景下，人们的生活逐渐被物欲主义、消费主义所支配，精神世界以及价值信仰的观照与追求逐渐淡出了人们的视野，德性伦理也随之日趋边缘化。有鉴于此，麦金太尔坚信，现代社会的道德危机实质上是一种精神、信仰的内在危机，因此，回到亚里士多德传统，重建德性伦理以及价值理想是摆脱现代道德困境的唯一出路。

如果说权利本位的社会秩序是建立在一种外部的规则之上的话，

---

① [美]丹尼尔·贝尔：《社群主义及其批评者》，李琨译，生活·读书·新知三联书店2002年版，第1页。

那么德性本位的社会秩序的基础则是人的内在品质。前者关注的是主体的行为：我应该做什么？（What I ought to do），针对的是人的外在表现及其影响，它的基本价值诉求是"和平"；而后者关注的则是行为的主体：我应该成为什么样的人？（What I ought to be），强调的是人的道德品质的培养，它的基本价值诉求是"美好生活"。制度化规则是基于一种公共权威的强制，它表现为对个体的外在制约；而德性伦理则是基于一种对整体以及公共责任之认同的主体性自觉，它通过个体内在的道德意识来实现。换言之，"德性价值的着眼点只是一种个人品性的培养，或一个人精神的提升活动。现代人所谈论的道德往往是，要求人共同地遵行一些现行的准则，而这些准则却或多或少地与个人或他人的实在利益挂上了钩，从这个意义上来看，现代的道德规则常常是客观的，带有外在强制性的特征，而德性所追求的却是个人对幸福人生的自觉的体验"①。

在德性伦理看来，没有内在的高尚德性，人们就只不过是被动地遵守道德，生活在一种僵硬的道德法则的囚笼中。而道德虽然在一定程度上表现为一种"绝对命令"，但是在本质上却不应该是一种外在的强制，它应该与人的意志、情感紧密关联，是人的一种发自本性的内在精神需求。这就是说，道德不是冰冷的理性算计，人的心灵也不是一个简单的"刺激—反应"系统，因此，道德的实现不应该只通过单纯的外在强制，而是更应该借助于个体的人格自觉。

按照德性伦理的看法，德性在人的行为方式上的具体表现，就是人的内在品质之整体表达，即人格。显然，道德之所以成其为道德，其根据就在于人的内在品质：只有具有了某种内在品质的人，才能成为一个道德的人；而只有道德的人才能具有道德的行为。也就是说，如果一个人知道自己应当成为一个什么样的人、知道自己理想的人格应该是什么样的人格，那么，无论在什么情况下，他都会知道自己应该如何行动。而德性人格的外化就是在社会现实生活中人的道德行为

---

① 陈根法：《德性论》，上海人民出版社 2004 年版，第 2 页。

的发生，正是这种道德行为彰显了人的生存价值和意义。无疑，当主体的行为是出自一种发乎内心的德性时，表现出来的就不是主体对外在社会规则的被动遵从，而是主体的一种本己的存在方式，这体现了人对完美存在的认肯和追求。

在德性伦理看来，作为一种内在的人格力量，德性使人类能够超越自然属性的羁绊和物欲本能的驱使，成为一种道德的社会存在。因为，德性是人的一种向善的精神定势，它积淀在人的自我意识之中，指导着人们的具体价值选择和生活实践。人们的这种向善的精神意向意味着在主体的自我利益与他者利益、整体利益发生矛盾的时候，主体会自觉地让渡自我利益以成就他者利益以及整体利益。这种向善的意向正是来源于德性的超越性特征。德性伦理认为，人与动物的最大不同之处在于：作为一种德性的存在，人总是力图超越那种动物本能式的物质生活，追求精神上的自洽、完善、圆满以及人生的意义感。而当个体体验到自我与周围世界之间的共生共容的关系，并且将自我利益融于他者利益、整体利益之中，也就是说自我与他者、整体之间在德性的框架下获得了统一的时候，人生的意义感也就会随之而生。

从德性伦理的视角来看，社会秩序问题产生的原因在于，在自我与他者或整体之间的关系上，存在着一种不对称（self-other asymmetry）。"所谓不对称，是指抑制自我而将他人放在一个更优先的地位上，或牺牲自我以实现他人的利益。"[①] 按照德性伦理的观点，扬弃自我与他者之间的不对称的关键就在于主体之德性品质的拥有。作为人的整体存在的一种表征，德性必然会指向人我之间，并通过自我与他者、整体之间的相互关系而得到昭示。在内在的向度上，人的德性体现为主体的各个方面的内在规定之统一；而在外在的向度上，人的德性就体现为成就自我与成就他人的统一。也就是说，德性伦理视野中的完美的德性，意味着"既实现自我的价值，又肯定

---

① 杨国荣：《伦理与存在：道德哲学研究》，上海人民出版社2002年版，第142页。

他人的价值。在这里,德性的统一由自我在品格等方面的整合,进而表现为成己与成人的互摄"①。不难发现,在德性伦理看来,从作为个体内在品质的德性出发,能够实现社会的整合,并建立良好的社会秩序。

历史地看,在价值多元主义的现代语境中,社会确实需要一种具有普遍公度性的、作为规则的"底线伦理"。但是,社会道德仅仅停留在外在规则的层面是不够的,因为无论现代社会的理性化、规则化程度多么高,人的情感和信念等个性化人格永远不可能只是关在规则的"铁笼"中。也就是说,"任何普遍理性化的规则——更不用说普遍理性化的政治原则——都只能承诺社会公共生活领域的行为、关系和事务的规范与协调功能,但对于个体私人生活领域,甚至是某些特殊文化群体之生活领域中的行为、关系和事务,却难以发挥其规范协调功能"②。人类社会的道德实践证明,对于社会的整合来说,仅仅通过道德规则的创立,而不重视人的道德品质的提高是注定难以实现的。按照麦金太尔的看法,"无论道德规则多么周全,如果人们不具备良好的道德品格或美德,也不可能对人的行为发生作用,更不用说成为人的道德行为规范了"③。因此,现代社会的整合不仅需要规则伦理的在场,而且同时需要德性伦理的支撑。"如果说前者代表着现代社会道德的最广泛可行性和普遍可接受性的话,那么,后者则代表着现代社会道德的一种理想价值追求,而如果说前者对现代人的基本要求是'行为正当合理'、'做起码合格的社会公民'的话,那么,后者则指向了更高的道德境界,它不仅要求人们成为正当合格的社会公民和遵守道德规则的人,而且希望他们成为高尚道德的模范和自我

---

① 杨国荣:《伦理与存在:道德哲学研究》,上海人民出版社2002年版,第143页。
② 万俊人:《从政治正义到社会和谐——以罗尔斯为中心的当代政治哲学反思》,《哲学动态》2005年第6期。
③ [美]麦金太尔:《谁之正义?何种合理性?》,万俊人等译,当代中国出版社1996年版,(译者序言)第9页。

完善的人。只有这样,当代道德文明和当代人的道德生活才是合理的、完善的。"①

二 德性本位的社会之特点

如果说权利本位的社会之特点在于它的国家观、公民观是消极的,那么,以德性为本位的社会则体现了如下特点:其一,积极的国家;其二,积极的公民。

(一) 积极的国家

自由主义强调人的权利的优先性,它所寻求的正义不预设任何特定的善观念。在自由主义权利正义观看来,个人有自主选择不同善观念以及生活方式的权利,任何人不得强加给他所不愿意接受的善观念或者生活方式。可以看出,自由主义的正义规则只是提供一个框架,这个框架规定着人们之间的不同的甚至相互对立着的价值和目的。换言之,自由主义的正义社会不是努力促进任何特定的善观念和价值理想,而是使公民们能够按照自己选择的善观念生活,同时不与其他所有人的追求善生活的权利相冲突。这体现了自由主义所主张的"权利优先于善"的理论诉求。按照这种正义的逻辑,在涉及人们所追求的不同的善观念时,国家必须要采取一种中立的立场。只要人们的价值追求不伤害到其他人,政府便无权作出评判,无权说一种生活方式比另一种生活方式更有价值或更没有价值。这样,国家的职责就只是保障公民的自主选择权利,而不能强迫公民从事国家所钟情的善业或者说迫使公民接受自己的价值观念。概言之,"国家不得干预公民的所作所为,只要不侵犯他人的权利,纵使公民的所作所为为社会上绝大多数人所不赞成,或者是违背了绝大多数人的愿望"②。显而易见,自由主义所秉持的是一种消极的国家观。

---

① 肖群忠:《规范与美德的结合:现代伦理的合理选择》,《西北师大学报》(社会科学版) 1999 年第 5 期。

② 俞可平:《社群主义》,中国社会科学出版社 2005 年版,第 138 页。

在社群主义看来，自由主义所谓的理性自我是一个超历史的、脱离社会的先验自我，这种无归属的、先于共同体、先于目的的抽象自我是不存在的，任何个人都是在一定共同体中生活的，被共同体的历史、传统、文化所培养、熏陶、塑造出来的特定共同体的成员。显然，任何人都必然会受到各种归属的制约，在他能够加以选择之前，他对共同体的公共善的感知和认同就已经存在，并且构成了他赖以选择的前提和基础。对于个体来说，共同体是一种善，一种无法回避的前提，根本不存在那种空洞的、抽象的、"原初状态"下的理性选择，人们的选择能力是在共同体中培养和发展起来的，是社会现实条件的产物，离开现实的社会生活，人们不可能形成自主选择的能力，也无所谓个人权利的存在。这就是社群主义所主张的"善优先于权利"的命题。以这个命题为基础，社群主义德性正义观主张以"公益政治学"取代"权利政治学"。按照社群主义的看法，"一个政治社群如果是把推行公共利益作为己任的，它所提供的公共利益的范围越大，获益的人数或同一个人获益的数量也越多，就越符合善良生活的要求"；反之，"如果一个政治社群所提供的公共利益很少，或者公共利益的享受者寥寥，这样的社会纵使公正，也不能算是一个良好的社会"①。从这样的立场出发，社群主义主张包括政府在内的各种政治共同体应当在保护和促进公民的公共利益方面发挥作用。

社群主义认为，如果按照自由主义权利伦理的国家中立原则，国家对公共善采取一种消极的态度，那么，公共利益就必定难以实现。因为，支持公共利益实现的公民之德性并不是一种天生的、自然而然的品质，人类首先考虑的往往总是私人利益而不是公共利益。在德性伦理看来，人类天然地趋向于"腐化"（corruption）而不是德性。所谓腐化指的是"我们的这样一种自然倾向——一旦共同体的要求与我

---

① 俞可平：《社群主义》，中国社会科学出版社 2005 年版，第 145 页。

们自己的眼前利益发生冲突时,我们往往取后者而弃前者"①。而与人的"腐化"倾向相反,公民德性则意味着"对公共利益的信奉与承诺、对'腐化'的克服以及对公共事务的关注和对公共义务(军事的、政治的)的投入"②。因此,要想维护德性伦理的目标,国家就必须通过各种形式的公民教育途径来引导人们放弃其天然的腐化倾向,培养人们对政治共同体的认同,从而激发人们的公共精神,塑造人们的公共美德。这就是说,"公民的美德和善行是促进公利益的基础,但公民的美德不是生来就拥有的,也不是自发地产生的,而是社会地形成的,是通过教育而获得的。公民的美德与其价值观是分不开的,一个具有美德的人必须知道什么是善的,什么是恶的,什么是值得做的,什么是不值得做的。唯有国家才能引导公民确立正确的价值观,也唯有国家才能承担起对公民进行美德教育的责任"③。而如果国家逃避教育公民的责任,对公民的价值选择、道德理想采取一种消极无为的中立态度,结果必然会损害社会的公共利益。因此,在社群主义看来,为了共同体的公共利益,必须放弃消极的中立原则,而采取一种非中立的、积极的国家观。

可以看出,德性伦理主张一种"强国家"或者"积极国家"的观点,这里的强弱指的是国家职能范围的大小。我们知道,自由主义权利伦理主张国家公共政治生活的范围应当尽可能地受到限制,同时,个体私人生活的范围则应该尽可能扩大。国家不能为了公共利益而损害个人利益,不能为了任何特定的善观念而置个人的权利于不顾。因此,权利伦理反对大政府,主张小政府,因为其认为政府管理范围的不断扩张正是极权主义滋生的土壤。而与此相反,社群主义德性伦理则倡导扩大政治生活的范围,主张大政府。与权利伦理满足于人的消极权利不同,德性伦理强调人的积极权利,"所谓积极的权利

---

① [英]昆廷·斯金纳:《共和主义的政治理想》,载应奇、刘训练编《公民共和主义》,东方出版社2006年版,第73页。
② 刘训练:《共和主义与自由主义:一个思想史的考察》,《学海》2006年第5期。
③ 俞可平:《社群主义》,中国社会科学出版社2005年版,第138页。

就是个人要求国家采取积极行为的权利,这类权利主要是指各种社会福利权利或各种受益权利,如公民的工作权、受教育权、社会救济权、保健权、休假权等等"①。无疑,对于公民的这些权利,国家只有积极地作为才有可能满足。在社群主义看来,自我的存在依赖于共同体,社会成员资格构成了个人权利的前提条件,因此,"自我'自由获得'某些社会政治、经济和文化条件的能力,对个人权利的实现才是至关重要的。那些制约个人自由选择的社会条件只有通过社群的积极努力才能实现,所以积极权利比消极权利更加重要"②。

总的来说,社群主义德性伦理的"强国家"观念既有可能促进个人权利的实现,也有可能成为损害个人权利的始作俑者。质言之,社群主义的强国家观是建立在"善优先于权利"的假设之上,根据这一命题,国家可以为了普遍的善、为了公共利益,而牺牲个人的权利。这样,德性伦理的强国家观,在现实政治生活中往往成为极权主义的理论根源。正如波普尔所说,德性伦理的"首要准则是国家利益。只要推进国家利益的都是好的、善良的、公正的。只要是威胁国家利益的就是坏的、邪恶的、不公正的。……这是集体主义的、部落主义的、极权主义的国家理论:'善就是为我们的集团、我们的部落、我们的国家利益服务。'……不能说极权主义是非道德的,它是封闭社会——集团式部落的道德;它不是个人的自私,而是集体主义的自私"③。换句话说,德性伦理的强国家观把整体利益凌驾于个人权利之上,尽管它有着建立美好世界的愿望,但最终很有可能在公共利益的旗帜下造成一种极权主义的后果。

(二) 积极的公民

在权利伦理的语境中,现代人耽溺于私人领域,成为患上"政治

---

① 俞可平:《当代西方社群主义及其公益政治学评析》,《中国社会科学》1998 年第 3 期。
② 同上。
③ [英] 波普尔:《开放社会及其敌人》(第 1 卷),陆衡等译,中国社会科学出版社 1999 年版,第 209—210 页。

冷漠症"的"消极公民"。尽管这种公民观有其重大意义，如马塞多所说，"私性公民权的好处是不可轻视的，它赋予几乎所有人某些基本的人类利益（安全、富足与自由），这对人类来说无异于一种巨大的收获"①。然而，由于它仅仅强调个人自由选择的消极权利，强调每个人的选择独立于社会共同体，从而使得个人日益缺乏对公共利益的认同，公民不愿意承担社会义务。这样所造成的后果是，西方的自由民主制度遭遇了前所未有的合法性危机。在这种背景下，德性伦理认为，"有必要以责任与德性来补充或代替对公民权的消极接受，这包括经济自立、政治参与甚至文明品质"②。

在德性伦理的传统中，所谓的公民德性指的是公民通过积极的政治参与来实现社会公共善的意愿和能力，这是一种将公共利益置于私人利益之上的品质和美德。德性品质的拥有意味着人们始终以公民的身份积极参与政治和公共生活，意味着对公共善始终如一的追求。波考克写道："德性似乎天然就具有某种深层次的重要性。它意味着献身于公共善，也意味着实践，或实践即履行统治与被统治的公民相互之间的平等关系的前提条件；最后，既然公民身份是一种行为模式以及践行积极生活的模式，那么它也意味着相互平等的、献身于公共善的公民在共和国所践行的用来对抗命运的积极的统治品质。"③

实际上，德性伦理所倡导的是一种强调公共责任的"积极的自由"。这种公共责任感来自人们对整体利益的认同。按照西塞罗的看法，"国家乃是人民之事业，但人民不是人们某种随意聚合的集合体，而是许多人基于法的一致和利益的共同而结合起来的集合体。这种联合的首要原因主要不在于人的软弱性，而在于人的某种天生的聚合

---

① ［加］金里卡，诺曼：《公民的回归》，载许纪霖主编《共和、社群与公民》，江苏人民出版社2004年版，第239页。
② 同上。
③ ［美］波考克：《德性、权利与风俗——政治思想史家的一种模式》，载应奇、刘训练编《公民共和主义》，东方出版社2006年版，第43页。

性"①。正是这种强调共同利益的政治原则,奠定了古希腊罗马以降的德性伦理的理论基础。到了16世纪早期的意大利,亚里士多德、西塞罗传统的德性伦理作为创建和治理共和国的技艺而得到了思想家们的普遍阐释和继承。"文人们笔下的共和国是这样一个共同体:自由和平等的公民为法律统治下的共同利益而生活,具有正义、坚韧、节制美德的公民为了共同利益而组成共和国。"②

从共同体之公共善的观点出发,德性伦理强调,公民们必须积极参与社会的公共政治活动,理由如下:首先,德性伦理强调政治参与对于公民所具有的内在价值。"按照亚里士多德主义的目的论传统,人性包含了某些道德目的,而且这些目的在本质上是社会性的或者说政治性的。因此,'人在本质上是政治的人,即是一个要通过参与自治的共和国的活动来极大完善自我道德的公民'。"③也就是说,作为一种政治的动物,人应该成为积极的公民,因为,"政治生活优越于纯粹私人性的天伦之乐、邻居友谊和职业追求,因此应该占据生活的中心位置。不能从事政治就使得人成为'极不完整和发育不全的存在者'"④。而人的"积极性"主要表现为对以物欲享受为中心的、消极的"私人领域"的超越,表现为对政治参与和公共利益的热切观照,表现为博爱淑世、兼济天下的公民情怀。概言之,只有践履了"积极性",只有积极参与公共政治生活,人才有可能充分实现自我的价值,才有可能过上美好的生活。毫无疑问,"人的理智和心灵在履行社会义务和操持公共事务的过程中可得到最好的培养"⑤。

---

① [古罗马] 西塞罗:《论共和国·论法律》,王焕生译,中国政法大学出版社1997年版,第39页。

② 转引自卢少鹏《马基雅维利的共和主义自由观》,《华东师范大学学报》(哲学社会科学版) 2006年第1期。

③ 刘训练:《共和主义与自由主义:一个思想史的考察》,《学海》2006年第5期。

④ [加] 威尔·金里卡:《当代政治哲学》(下),刘莘译,上海三联书店2004年版,第531页。

⑤ [英] 亚当·佛格森:《道德哲学原理》,孙飞宇、田耕译,上海世纪出版集团、上海人民出版社2003年版,第163页。

其次，在德性伦理看来，没有公民积极的政治参与，没有对公共利益的奉献精神，个人的基本自由权利就很难维持下去。在消极自由的背景下，人们沉溺于私人的物质生活领域，公共利益被束之高阁。弗格森警告道："自由所面临的最大危险是假想的民族精神之萎靡，而每一种体制的建立和保存仍都有赖于个人活力。有些人认为自己高枕无忧地享有自由。并且他们只有在公众能为他们提供许多有利可图的工作以满足他们的贪欲时才会考虑到公众的利益。……自由掌握在这些人手中是不安全的。"① 而要真正地实现自由，"不仅要通过法律和制度的设定来消极地防止对公民自由和个人权利的侵犯，而且要积极地'号召公民积极参与政治，维护自己的权利'。因为法治并不能单独地保障自由，而要靠产生法律的自由精神来保障自由，靠对自由的积极维护来捍卫自由，靠对政治权利的分享来保存自由"②。据此，佛格森指出，"在法律真正对自由的保存有作用的地方，法律的影响并不是从堆着书本的书架上掉下来的什么神奇力量。事实上，那是决心获得自由的人们的影响，那是已习惯于写下他们将与国家、与他人相处的条件并决心通过他们的戒备和勇气来将这些条件付诸实施的人们的影响"③。换言之，只有通过公民德性的培养以及积极的政治参与，个人的消极自由才能得到最充分的保障和实现。斯金纳这样写道："为了保证自由的价值得到维护，首先需要促进的与其说是有效的组织和法律结构，不如说是全体人民的公民自豪感和爱国精神"④；"如果我们不把个人自由的价值置于共同善之上，我们却会享受到最多的个人自由；坚持把个人自由置于共同善之上——用他们的术语来

---

① ［英］亚当·弗格森：《文明社会史论》，林本椿、王绍祥译，辽宁教育出版社 1999 年版，第 247 页。
② 周保巍：《"自由主义"的自由与"共和主义"的自由——苏格兰启蒙运动中的观念冲突》，《华东师范大学学报》（哲学社会科学版）2006 年第 1 期。
③ ［英］亚当·弗格森：《文明社会史论》，林本椿、王绍祥译，辽宁教育出版社 1999 年版，第 291 页。
④ ［英］昆廷·斯金纳：《近代政治思想的基础》（上卷），奚瑞森、亚方译，商务印书馆 2002 年版，第 272 页。

说——是对善良公民的败坏,而败坏的代价则总是奴役。获得个人自由的惟一途径就是通过公共服务的办法"①。简而言之,人的自由平等权利不是天赋的礼品,而是现实社会过程的产物,是人们不懈努力、奋斗争取的结果。公民积极的政治参与是争取、扩大和保障个人自由权利最有效的途径。

最后,在德性伦理看来,公民积极的政治参与是防止极权主义的根本途径。因为,"专制独裁经常发生在人们远离政治,对政治漠不关心的情况下,所以,使人们脱离公共争论和公共活动就为专制独裁创造了基本的条件,没有公民积极而广泛的政治参与,就谈不上真正的民主政治"②。

总的来说,关于作为一种民主权利的政治参与,权利伦理与德性伦理之间的分歧在于:前者虽然不反对公民的政治参与,但是在他们看来,不受干涉的消极自由权利是人的最根本的权利。显然,权利伦理强调的是自由的保护性的价值,也就是强调自由的防范专制、制约权力的功能;而对于后者来说,政治参与的权利是公民最重要的基本权利。无疑,德性伦理强调的是政治参与在实现自我本质、维护公共利益等方面的价值。

可以看出,德性伦理从共同善以及构成性的自我的思想立场出发,论证了公民的积极自由与政治参与的价值。然而,德性伦理要想真正校正权利伦理的原子主义倾向,以使得公民自治和参与民主成为可能,就要避免成为被权利伦理奉为圭臬的自我选择的消极自由之抽象对立面,避免成为一种"带着怀乡病设想的最初为政治参与提供情境和场所的实质性伦理社群"③。

---

① [英]昆廷·斯金纳:《论正义、共同善与自由的优先性》,载达巍、王琛、宋念申编译《消极自由有什么错》,文化艺术出版社2001年版,第137页。
② 俞可平:《当代西方社群主义及其公益政治学评析》,《中国社会科学》1998年第3期。
③ 张小玲、应奇:《徘徊于社群主义与共和主义之间——以桑德尔对权利自由主义的批判为例》,《浙江学刊》2006年第4期。

第三节 德性正义观的局限

诚然，社群主义德性正义观捕捉到了人的社会性、整体性的特点，并试图以此为出发点来因应现代性的危机，从而突破现代道德的原子主义困境。毋庸置疑，这种理论尝试具有不可忽视的意义。但是，社群主义的正义建构也同时存在着致命的局限，这种理论似乎走向了与自由主义相反的另一个极端：德性、共同体、传统成了正义的全部，"权利"或者消失，或者成为"至善"的附属品。

具体地说，德性正义观的局限性主要表现在如下两个方面：其一，从个人的角度来看，德性正义是一种整体主义，个人沦为实现共同体之目的的工具，人的基本权利受到了压制。其二，从社会整合的角度来看，德性正义观局限在于，它一方面表现为一种道德中心主义，另一方面表现为一种道德相对主义。

一 整体主义

与自由主义权利正义观把社会还原成为孤立的个人、从而导致原子化的个人主义相反，社群主义德性正义观认为，不存在先于共同体的自我，任何个人都必然要受到各种归属的制约。对于个人来说，共同体的历史、传统以及文化特征规定了人之为人，共同体的目的和价值构成了自我的认同和体验。因而，个人对共同体负有不可推卸的义务，应当为公共利益作出奉献；共同体的公共善就是个人所应当追求的善，个人应当将自己的生活自觉地当作共同体的有机组成部分。无疑，德性正义观具有很大的合理性。德性伦理重视共同体的价值，强调德性、至善、共同体对于个人认同的构成性作用，强调我们只有在共同体中才能成其为人，这些观点对于因强调个人权利而忽视社会责任、因强调个人选择而忽略使个人选择得以进行的整体背景所造成的社会凝聚力不够，以及极端的个人主义所造成的社会道德衰败具有很好的纠偏作用。

然而，任何目的论伦理都存在着为追求最高的善而侵犯个人基本权利的可能性。不难发现，德性伦理所坚持的是一种整体主义的立场，它把个人当作从属于社会整体的、实现社会共同体目的的工具。也就是说，所谓整体主义指的是"在价值等焦中把共同体的价值置于绝对优先的地位并把个体视为共同体附属物的一种价值立场"[①]。在整体主义的语境中，"个人是如此渺小的部分，个人利益轻易地成为了敬献在公共利益和社会自身这一祭坛之前的牺牲品。对于社会来说，再也没有比侵蚀和削弱那个使社会联合为一体的基础，即信仰，更危险的事情了"[②]。换言之，整体主义把个人当作实现共同体之公共善的手段，从而允许国家在必要时侵犯一些人的基本权利，只要它认为这一侵犯能够促进社会的整体利益。整体主义所造成的后果是，因为过分强调共同体对于个人的构成性作用，从而否定了个人的自主性。这样，德性伦理有可能成为一种新的极权主义。

按照德性伦理的观点，世界存在着一种统一的、大全式的整体价值和目的，它控制着个人生活的全部领域，支配着社会的政治、经济以及道德文化等部门，对个人和社会生活的各个方面起着一种强制性的约束作用。历史地看，目的论伦理滥觞于传统社会。显而易见，价值秩序的目的论特点是与传统社会之同质性的社会结构相适应的。德性伦理"作为一种道德评价体系，实际上是与古代社会的单一结构相适应的。单一的社会经济、政治结构要求文化上的价值一元化，社会生活的单一化必然导致人本身的模式化，导致对个人的诸如内心信念、价值理想、生命追求等等的齐一化要求"[③]。也就是说，前现代的社会结构内在地需要一种统一的、整体的价值来加强社会的整合。

---

① 贺来：《价值秩序的颠倒与现代社会的命运》，《吉林大学社会科学学报》2003年第6期。

② [英]史蒂文·卢克斯：《个人主义：分析与批判》，朱红文、孔德龙译，中国广播电视出版社1993年版，第50—51页。

③ 崔宜明：《德性论和规范论》，《华东师范大学学报》（哲学社会科学版）2002年第3期。

按照亚里士多德的说法,"城邦(虽在发生程序上后于个人和家庭),在本性上则先于个人和家庭。就本性来说,全体必然先于部分……我们确认自然生成的城邦先于个人,就因为(个人只是城邦的组成部分)每一个隔离的个人都不足以自给其生活,必须共同集合于城邦这个整体(才能大家满足其需要)"①。

在目的论的、整体主义的视野中,人们的政治认同与道德文化认同之间是同一的。共同体成员通过对社会的道德文化认同而达到对政治的认同;反过来,共同体又通过社会成员对政治的认同进一步强化其对社会道德文化的认同。在德性伦理看来,人们的政治认同与道德文化认同之所以能够同一的内在根据在于这一理论预设:政治共同体是最大的善业,社会成员的幸福、价值以及自我的实现皆来自政治共同体并且终止于政治共同体。简而言之,一方面,社会成员通过身份的认同进入共同体之内,并且奉献自己的忠诚,维护共同体的统一;另一方面,社会成员通过对共同体的认同,获得了人生的意义感和自我价值的实现感。

在现代社会,首先,这种整体主义的悖论在于:德性伦理强调共同体的历史、传统以及文化构成了自我的本质,在其看来,社会成员只有在共同体中才能获得精神的满足、生命的超越以及自我价值的实现。然而,当一种价值被预设为最高价值的时候,它就会自然而然地走向一种极端——共同体的价值高于一切。这样,在共同利益的旗帜下,整体主义就成了专制、压迫、独裁的代名词。个体的价值则被湮没在无所不在的共同体之中,个人的权利、自由在整体主义的霸权话语中灰飞烟灭。可以看出,在德性伦理的理论框架中吊诡的是:人为了超越自我、实现自我而进入共同体,但最终却以自我的丧失而告终。

从人类社会的历史来看,德性伦理之所谓的完美共同体,基本上

---

① [古希腊]亚里士多德:《政治学》,吴寿彭译,商务印书馆1965年版,第8—9页。

是一种乌托邦。共同体的历史往往存在着大量令人难以忍受的专制与压迫。个体并不像德性伦理所描述的那样统一于共同体,相反,个人往往只是作为共同体的工具而存在。事实上,德性伦理一方面强调人的本身的目的性,另一方面通过德性的概念将个体的价值与共同体的公共善联系在一起。显然,这造成了德性伦理的理论困境:既要避免把个体作为一个纯粹工具性的概念,强调人本身的目的性;又无可避免地把个体置身于社会整体当中,强调德性意味着个体必须对共同体承担道德责任。对于德性伦理来说,这是一个不可解决的矛盾。因此,德性伦理所力图建立的共同体,只能是一种虚幻的存在,而其所希望建立的共同体与个人之间的统一,显然也不可能得以实现。

其次,作为一种道德原则,整体主义的德性伦理给人的内在品质提供了一种普遍的道德标准。这种对于人的内在品质的普遍化要求,意味着给人们原本丰富的情感、意志、心灵戴上了一个枷锁,意味着对人的偏好、理想、信念以及价值观之多元性的否定。显然,这是在实质上取消了个人的自我选择和自主决定的权利。"这样,本质主义的德性论虽然注意到了人的自我发展、自我实现和自我完善的问题——这确实是本质主义德性论的理论贡献,是留给我们的伟大精神遗产,但代价却是抹杀了个人的自主和自由。"[①]

总而言之,整体主义推崇作为整体之目的的"至善",这种"至善"乃是共同体的灵魂。其实,亚里士多德主义所谓的共同善,实际上是一种把古希腊的城邦共同体理想化的产物。而这种共同善的存在正是以牺牲个体的自由为代价的。在传统社会,由于人们之间有共同的信仰、共同的文化以及共同的价值观念,个体无所谓选择的权利和自由,所以也就不存在个人的自由与共同体之善之间的冲突。但是,亚里士多德的时代已经一去不复返,现代社会成为一种价值多元主义的社会,个体有自主地选择不同善观念以及生活方式的权利。不难看

[①] 崔宜明:《德性论和规范论》,《华东师范大学学报》(哲学社会科学版) 2002 年第 3 期。

出，德性伦理理想中的共同体要么不可能存在，要么必然会抹杀人的个性和自由。无疑，德性伦理之恢复古典道德、返回亚里士多德传统的想法具有强烈的保守色彩。质言之，"社群主义者批评自由主义者基本概念的虚构性，而他们自己所开出的解决方案同样具有不可避免的虚构性，是另一种形式的乌托邦。今天不是亚里士多德的时代，恢复古代贵族式的德性同样是幻想"[①]。

二 道德中心主义与道德相对主义

从社会整合的角度来看，德性正义观的局限性在于：它一方面表现为一种道德中心主义或者说泛道德主义，把道德视作社会整合的唯一方式；另一方面表现为一种道德相对主义，从而否认普遍道德规则的存在。

（一）道德中心主义

在德性正义观的视野中，社会秩序整合的关键在于人们的内在道德品质的培养。可以看出，这种正义观所主张的实质是一种道德中心主义或者泛道德主义。在道德中心主义看来，德性是公共生活中最重要的，甚至是唯一的社会整合方式。也就是说，道德中心主义企图以德性为中心解决所有的社会问题。不难想象，道德中心主义的张扬必然会造成一系列令人难以接受的后果。

首先，道德中心主义轻视法律、制度等规则系统在社会整合中的作用，而是把所有社会问题道德化，热衷于精神领域的道德教化，并且认为社会政治秩序乃是以人的内在品德为基础而自然生成的。换言之，国家不是依据法律、制度等规则系统来严格界定主体行为的是非，而是依据一定的道德标准来评判行为主体的善恶。然而，问题在于，与法律、制度等规则系统相比，人们的道德自觉和意志自律并不具备一种普遍有效性，德性的方式也不具备确定性和可操作性。因

[①] 顾肃：《全面认识个人与社群的关系——评自由主义与社群主义的争论》，《南京大学学报》（哲学·人文科学·社会科学）2001年第2期。

此，按照道德中心主义的理论逻辑，必然会造成这样的结果：先是德治取代法治，接着是人治取代德治，最后是专制取代人治。我们知道，"中国的'德治'传统，就是在道德中心主义的支配下，以'德治'代替法治，以对自上而下的道德示范的强调，代替制度化规则的程序化运作，严重忽视对制度化结构本身的理性建构。传统儒学中蕴含着中华民族道德智慧的结晶，闪烁着人道精神的光彩。然而儒学的官学地位及其制度化的推行方式，不仅遮蔽了它的人道主义，而且还强化了残酷的专制政治"[①]。

其次，道德中心主义对作为规则的底线伦理的忽视、对德性之作用的片面强调直接导致了社会生活中伪善的盛行。这就是说，"道德强制使大多数人的注意力更多地集中在社会主体的精神品格上，而不是制度化规则的合理性上，这实际上为机会主义行为和欺诈行为提供了方便。这不仅对伦理崇高是一种伤害，而且有损于整个社会的公序良俗"[②]。总而言之，"英雄贵族式道德精英主义的政治治理模式无法实现现代民主政治的理想，因为精英政治最终必然会导向官僚政治甚至是寡头政治，导致某种伪善的政治权威主义和极权主义。这种后果正是现代民主政治、尤其是社会主义民主政治所要克服的"[③]。

诚然，对德性之价值的强调无可厚非。在现代社会，市场经济推崇的是行为主体在市场等价交换过程中追求自身利益的最大化，加之工具理性的不断扩张，以至于把市场交换原则向外推广到非市场的精神生活领域，其结果是导致了价值理性的不断萎缩。工具理性压制价值理性所造成的后果是：生命价值隶属功利价值。换句话说，"人如何造就有用价值并成功地获取和支配使用价值成为道德品质和人的价值的表现。在整体现代世界的价值序列中，人本身已丧失了特殊的生

[①] 杨育民:《德性与制度化规则》，《人文杂志》2002年第2期。
[②] 同上。
[③] 万俊人:《"德治"的政治伦理视角》，《学术研究》2001年第4期。

命价值,道德也失去了表现生命价值的特性"①。这样,功利价值成为现代性的终极价值,现代人失去了意义的关切,通往信仰之路被切断。概言之,德性被现代性所遮蔽,人性被市场所肢解、被"物性"所宰制。毋庸置疑,这类问题的解决的确需要德性伦理的出场。正是在此意义上,麦金太尔强调回到德性的传统,"缺乏正义,缺乏真诚,缺乏勇敢,缺乏相关的理智德性,这些都腐败着传统,正如它们腐败着从传统中获得其生命的那些机构和实践一样,而这些机构和实践是传统在当代的具体体现。认识到这一点当然也在于认识到另外一种德性的存在,这种德性是当它几近不存在时,它的重要性可能就最为明显,这是一个对传统有适当意义的德性,一个属于传统,或传统所遇到的德性"②;"一种德性是一种获得性品质,这种德性的拥有和践行,使我们能够获得实践的内在利益,缺乏这种德性,就无从获得这些利益"③。

可以看到,德性伦理对个人与整体之间利益冲突的调节,对社会秩序的整合,是通过对人的内在道德品质的培养和塑造,通过把社会规范内化为个体的情感和信念,并经由个体自觉的道德实践完成的。客观地说,德性在社会整合过程中的作用毋庸置疑,但是,由于道德中心主义片面夸大了道德教化的意义,从而忽视了规则伦理的作用,结果造成了道德意识的磨灭以及人类心灵的禁锢。"因为过分地强调道德的重要性,而把它变得如同法律一样威严,不可侵犯,其结果是取消了道德,磨灭了人们的道德意识,把所谓德性变得徒有虚名。……意识结构中道德意识的严重丧失,在很大程度上是由它(道德的法律化——笔者注)促成的。"④

---

① 金生鈜:《德性与教化——从苏格拉底到尼采:西方道德教育哲学思想研究》,湖南大学出版社2003年版,第7页。

② [美]麦金太尔:《德性之后》,龚群、戴扬毅等译,中国社会科学出版社1995年版,第281页。

③ 同上书,第241页。

④ 梁治平:《寻求自然秩序中的和谐——中国传统法律文化研究》,上海人民出版社1991年版,第254页。

总的来说，道德中心主义既存在学理上的谬误，同时也是一种德治心态的反映。要走出道德的困境，使德性在塑造内在人格以及社会秩序的整合中发挥其恰如其分的作用，就必须要告别道德中心主义，使道德从其不能承受之重负中解脱出来。这就是说，一方面要看到德性伦理的价值，另一方面要看到规则伦理的作用，在实践中坚持两者之间的辩证统一。

（二）道德相对主义

如前文所述，德性正义观力图以一种统一的作为共同体之目的的至善作为社会整合的基础，但是，当这种企图遭遇现代多元主义的反抗而难以实现的时候，德性正义观又转而祭起了道德相对主义的大旗。

针对权利正义观对于普遍道德原则的热衷，德性正义观对其进行了批判。麦金太尔写道："对我们来说，头等重要的是记住，建立一种社会秩序形式的谋划（在这种秩序中通过借助真正普遍的不依赖传统的规范，个人可以将他们从传统的偶然性和特殊性中解放出来），过去是，而且现在还不仅仅是（或主要不是）哲学家的谋划。它过去是，现在依然是现代自由个人主义社会的谋划，而我们相信不依赖传统的合理性普遍性之希望的最有说服力的理由，则源自对这种谋划历史的一种幻觉。"[①] 在德性正义伦理看来，自由主义道德原则的普遍性是建立在对人的抽象思考的基础之上的。换言之，自由主义把人看作先于共同体、先于历史的原子式的存在，这种关于人的假设对人类的社会关系视而不见。按照自由主义的这种看法，人不是存在于特殊的传统与文化之中。显然，这种观点抹杀了人的生存境遇的差异性和多样性。德性伦理认为，正义的原则来自特定共同体的历史和传统中人们所共同分享的那些价值，这些价值是在共同体的历史中长期积淀下来的道德、文化以及共同的信念。而不同的共同体之间

---

① ［美］麦金太尔：《谁之正义？何种合理性？》，万俊人、吴海针、王今一译，当代中国出版社1996年版，第439—440页。

的历史、传统、道德、文化以及价值信念之间是不可通约的，不存在一个能够对它们进行进一步评判的、普遍的抽象原则。在沃尔泽看来，自由主义"追寻这样一种普遍的正义原则是走错了方向。根本就不存在外在于共同体的视野，根本没有办法跳出我们的历史和文化。……确定正义原则与其说更应该通过哲学论证，不如说更应该通过文化阐释"①。因此，德性伦理得出结论，不存在任何普遍的正义原则，人类社会的正义原则呈现出一种多元的特性。麦金太尔这样说道："某种特殊的探究传统在其发展的某一特殊阶段与处于自身发展之特殊阶段的另一特殊探究传统遭遇，而这时候，两种特殊的探究传统又确实没有共享任何足以解决它们在某争论背景中之分歧的共同标准。在这类情况下，此种无公度性现象是真实的，而非虚幻的。"②

按照德性正义伦理的看法，正义原则的这种多元竞争特性不仅体现在同一个文化传统发展的历史脉络中，而且也存在于不同文化传统之中。关于前者，麦金太尔列举了西方正义理论的四大传统：古典的亚里士多德主义传统，《圣经》与奥古斯汀主义、托马斯主义传统、苏格兰启蒙运动传统以及现代自由主义传统。在麦金太尔看来，尽管它们都是西方文化传统的一个方面，但由于各自代表着对正义理论的不同解释，因此，每一个传统都同其他的某一传统存在着对抗或者共生的复杂关系。关于后者，麦金太尔认为，亚里士多德主义的德性传统与中国儒家的德性传统之间不存在对话的可能性以及可公度性，"两套体系间无论在内容还是在程度上的诸多相似之处，都无法推翻一个结论：在这两套体系之外及二者之间的中立立场上，我们委实不可能在其对立的主张间希望找到可以诉求的进行裁决的共

---

① [加]威尔·金里卡：《当代政治哲学》（下），刘莘译，上海三联书店2004年版，第383页。
② [美]麦金太尔：《谁之正义？何种合理性？》，万俊人、吴海针、王今一译，当代中国出版社1996年版，（中译本序言）第2页。

享标准和尺度"①。德性伦理意图表明：由于不同共同体之间的文化传统的多样性及其不可通约性，所以不可能为人类社会建立起一种统一的普遍正义观。也就是说，人类社会存在着多种而非一种正义观，不同时代、不同共同体的历史传统和文化信念孕育着不同的正义，企图追求普遍的、永恒的正义原则只能是一种幻想。因此，自由主义权利伦理致力于为世界制定普遍的正义原则的努力注定是徒劳的。

德性伦理承认道德原则的差异性和特殊性，有其理论的合理之处，但是由于其对道德的相对性过分强调，使得社群主义的正义观滑进了道德相对主义的泥潭。道德相对主义面临着这样的理论困境：首先，德性正义观以共同体的特殊的历史文化传统作为行为是否正义的根据，这样所造成的结果是，任何共同体都无权指责其他共同体的野蛮行径，一个国家的迫害、歧视和践踏人权将是无可非议的。某些罪恶的传统与野蛮的实践因此也就获得了道德上的正当性。实际上，共同体的文化传统可能是不公正的。可以设想一下，"社群 A 是正义的，当且仅当其实质性的生活是忠实于其所共有的理解的；同理对社群 B、C 均适用。但社群 A、B、C 有可能同时是正义的，即使它们的实质性的生活是非常不同的，甚至从社群 A 的角度看社群 B 和 C 的实质性生活是很不公正的。举例说，一种实行种姓制度的社会由于是其成员所共同理解的，大家都甘心于这种制度，因而它就是正义的，其他实行公民平等的社会就无权说三道四，因为这种种姓制度对于实行此制度的社会是内在的，自我封闭的。这样一来，政治哲学家甚至都不能对自己以外的社群或社会提出规范性的批评，因为只要这些社会成员以共有的意义来解释其生活，外人便无权评判了。这样也就不存在对社会制度问题的最佳解释，因为社群间是不可比的"②。

其次，随着人类进入了现代社会，世界的相互依存度越来越高，

---

① ［美］麦金太尔：《不可公度性、真理和儒家及亚里士多德主义者关于德性的对话》，《孔子研究》1998 年第 4 期。

② 顾肃：《评社群主义对自由主义的理论挑战》，《厦门大学学报》（哲学社会科学版）2003 年第 6 期。

从而需要建立一个超越族群和地域意识的有效的、统一的政治、经济和文化体系。否则，按照德性伦理的道德相对主义的逻辑，世界范围内存在的各种全球性问题，如环境问题、核问题、毒品问题、恐怖主义问题等，将不可能得到有效的解决，人类社会也不可能获得进步。也就是说，"人类如果全然不存在基本的道义共识，那么任何超越社群的道德评价都是不能成立和没有意义的，甚至连对生命的普遍尊重，超越种族、文化和社群的人际道义和法律平等都是多余的，国际法更可以一笔勾销，但那又何来全球贸易、国际交往中普适的基本行为规则可言？"①

一般而言，社群主义这一概念包含了两层含义：其一，在道德问题上，社群主义的主要观点是要求诉诸一个共同的意义框架；其二，社群主义相信，共同体本身是一种最重要的善。不难发现，社群主义的第一层含义包含了一种普遍主义的理论诉求。换言之，社群主义"不时地从普遍的、全球的角度来说明正义与平等等基本价值观，可是这样就与社群主义的基本理论相冲突了：因为这无意中承认了全人类的普遍的价值观"②。而与此相矛盾的是，社群主义的第二层含义则是把某个具体的共同体当作人们的善观念以及道德原则的来源，无疑，这又否定了社会存在普遍的正义观念的可能。这时候，社群主义又表现为一种道德相对主义。可以看出，社群主义在普遍主义和相对主义之间摇摆不定，这正是德性正义伦理的悖论之所在。

本章通过对社群主义正义观的剖析，揭示出了德性维度在正义理论建构中的意义和局限。社群主义对自由主义的批评的确指出了原子主义的负面影响，并提出政治哲学的基石不应该由个人主义奠定，而是应该以秩序良好的共同体作为政治话语的基础。这种批判无疑扩大

---

① 顾肃：《评社群主义的理论诉求》，《江海学刊》2003 年第 3 期。
② 顾肃：《评社群主义对自由主义的理论挑战》，《厦门大学学报》（哲学社会科学版）2003 年第 6 期。

了当代政治哲学的理论视野。然而，以自由主义批判者面貌出现的社群主义同样存在着其自身难以克服的理论局限和消极因素。这样，和自由主义的命运相同，正义的理想对于社群主义来说也是不可能完成的任务。

综览上文，可以看到，从古希腊到现当代，人们对正义孜孜以求，然而却总是处于无往而不在的非正义之中。那么，如何可能实现真正的正义？本书将在下一章尝试对这个问题作出马克思主义的回答。

第五章

权利与德性的统一：基于马克思主义实践哲学的正义生成

如前所述，单纯地从权利出发而偏废德性，或者相反，都是片面的，无论从人的自我实现的角度来看，还是从社会整合的角度来看，都不会带来真正的正义。一方面，"自由主义坚持个人权利至上的观点，认为以社会整体的名义压制个人是不能容忍的。这种理论的前提无非是说，人在本性上是个人主义的，正义必须建立在个人权利的基础之上。可是，这种理论无法说明：为什么历史上有许多人为了民族、宗教、共同信仰或集体利益而不惜牺牲自己的生命"；而另一方面，"对于群体合作的目的，大家为什么组织起来，社群主义也不能提供真正合理的解释"①。

实际上，权利正义观之短正是德性正义观所长，反之亦然。显然，这意味着正义的两个维度应该是互补的。这种互补性表明，只有将这两个维度综合在一起，才有可能达成对正义的完整描述。② 换言之，完整的正义是人的权利和德性之间的辩证统一。

从上文可以看到，权利与德性之间关系的实质是个人与整体之间

---

① 韩震：《人类：社群地追求自由的生成性存在》，《河北学刊》2005年第2期。
② 如果说，"权利"体现了"自爱"的话，那么"德性"则体现了"仁爱"。权利伦理义从"自爱"引申出"正义"，德性伦理义则从"仁爱"引申出"正义"。事实上，"'正义'倒更像'自爱'和'仁爱'、'利己'和'利他'的合取或'中道'。"参见张曙光《个体生命与现代历史》，山东人民出版社2007年版，第185页。

的关系。如果说自由主义权利正义观的核心是一种个人主义，那么，社群主义德性正义观的要旨则是一种整体主义。在个人主义看来，整体是个人权利的最大侵害者，由于对整体主义奴役自我的恐惧，权利伦理认为要保障个人的权利就必须抛弃整体。这样的结果是，拒斥了整体（德性）的个人就成为超历史的、抽象的存在。与此相反，在整体主义看来，个人主义对个人自我占有、自主选择权利的强调则有可能危害整体以及共同生活的价值。这样，在社群主义的理论框架中，所谓的共同体、历史、传统成了一种个人所不能选择、无法反思的命运。这就是说，"由于认识视角的特殊性，人们往往从不同的出发点去认识政治正义问题。实际上，自由主义与社群主义之争，就有认识论上的差异。自由主义看到的是人类追求个人自由权利的理想价值，为了证明这个理想的合理性，并且为之找到客观的基础，于是就把这个追求看成是天赋的或先天的，试图为个人自由权利寻找坚实的形而上学基础。社群主义观察到人类生成和社会生活的根源，认识到人决不可能脱离社会而成其为人，于是把这种社会关系和人的社群性就认定为人类存在的特殊价值"①。显而易见，一方面，在权利正义观的视域中，个人及其权利被抽象化；另一方面，在德性正义观的视域中，共同体、德性、传统则被绝对化。

不难看出，权利正义观看到了整体主义的危害，但是没有认识到整体（共同体）对于个人的内在价值：共同体、德性是人类生存意义之一个不可抛弃的源泉。结果是，自由主义从先验的自我出发，社会成了工具性的存在。相反，德性正义观捕捉到了原子主义的危害，但是却忽视了自我选择对于人的内在价值：个体的权利同样是人类生存的价值之源。结果是，社群主义从绝对化的整体出发，个人沦为整体目标的工具。概而言之，"如果说社群主义是把人的生存和向往目标的生成根源当成了目标本身，那么自由主义则是把目标同时变成了起

---

① 韩震：《人类：社群地追求自由的生成性存在》，《河北学刊》2005年第2期。

点式的先验根源"①。可见，尽管自由主义和社群主义都企图实现个人与整体之间的统一，但是，由于前者以抽象的个人为基础，后者以绝对化的共同体为基础，因此，无论是在自由主义还是在社群主义那里，个人与整体之间都只是一种抽象的同一，两者之间的关系是割裂的。总之，"自由主义权利学说的主要缺陷在于，一方面它未能给个人权利找到科学说明的真实基础，而是诉诸于虚假的和抽象的自然权利；另一方面，它不能为个人权利规定其合理的界限，不能说明个人权利与社会利益之间的矛盾统一关系。公共社团主义理论的主要缺陷在于，一方面它在把个人权利的起源归因于历史和传统的时候否定了个人权利本身的道德规范作用，否定了权利的真实价值；另一方面，它在强调人对社会和历史的依赖性时，否认了人创造社会和历史的一面，因而不能科学地说明个人与社会的辩证统一关系"②。

那么，个人与整体、权利与德性之间如何才能实现真正的统一呢？毋庸讳言，只有在马克思主义实践哲学的基础上才能实现两者之间的辩证统一。也就是说，真正的正义是在人的实践活动中生成的，是权利和德性两个维度的综合。

第一节 三种实践观及其哲学

如果说自由主义权利正义观的哲学基础表现为一种康德主义的话，那么，社群主义德性正义观的哲学基础则集中表现为一种亚里士多德主义。在康德主义看来，作为一种伦理范畴的实践是一种体现了人的自我立法性的活动。从这样的实践观出发，康德主义道德哲学的理论大厦建立在一种先验的"自我"观念基础之上。因此，康德主义哲学是一种先验的主体形而上学。在这种哲学的视域中，个人与整体

---

① 韩震:《人类：社群地追求自由的生成性存在》，《河北学刊》2005 年第 2 期。
② 韩震:《生成的存在：关于人和社会的哲学思考》，北京师范大学出版社 1996 年版，第 135 页。

之间必然是一种以自我为核心的抽象同一关系。在亚里士多德主义看来，实践则是一种体现了人的趋向于整体善的目的性的活动。从这样的实践观出发，亚里士多德主义道德哲学把一种绝对的、本体化的共同体、至善观念作为其理论的拱顶石。因此，亚里士多德主义哲学是一种思辨的客体形而上学。在这种哲学的视域中，个人与整体之间必然是一种以整体为核心的抽象同一关系。

而马克思主义哲学的实践是以物质生产活动为基础的包含道德文化活动的对象性的实践。从这样的实践观出发，与康德哲学和亚里士多德哲学把一种实体化的本体（自我或者共同体）作为其理论的基础不同，马克思主义哲学的基石就是实践本身。可以说，马克思主义哲学是一种真正的实践哲学。这种实践哲学从人的对象性的实践活动出发，克服了传统本体论哲学所造成的主体与客体分立的理性主义弊端，扬弃了个人与世界之间的二元对立。因此，只有在这种以人的对象性的实践活动为基础的马克思主义哲学中，个体与整体之间才有可能实现辩证统一。

一　康德主义的实践观及其哲学

（一）"按照自然概念的实践"与"按照自由概念的实践"

康德主义秉承了亚里士多德以来的看法，把实践理解为一种伦理、道德和政治的行为以及活动。这种实践伦理的核心命题是人如何依靠理性的引导来实现自己善生活的理想和人生目的，而不是去追求物质财富的最大限度增长，或者是满足人的感官上的需求和欲望。

和亚里士多德一样，康德首先对实践的概念作了澄清。在他看来，不能够把现象世界即认识领域内的活动与物自体领域即道德领域内的活动混为一谈，都称为实践。康德认为，实践是一个伦理学的范畴，它表示人的活动，但是，并非所有的人的活动都是实践。人的活动可以分为两类：一类是"按照某些能在感官世界中规定自己的因果性的力学性法则"① 而作出的行动；另一类则是按照纯粹实践理性的法则即人内心中先天地具有的道德律而作出的行动。按照康德的看法，"如果规定这原因性的概念是一个自然概念，那么这些原则就是技术上实践的；但如果它是一个自由概念，那么这些原则就是道德上实践的"②。显然，这两类活动存在着根本的不同，不能够加以混淆。"按照自然概念的实践"只涉及现象领域和认识论，涉及人与自然之间的关系和自然界的规律，具体表现为人类改造自然界的物质生产活动；而"按照自由概念的实践"则属于物自体领域和本体论，涉及人与人之间的关系、人与社会之间的关系以及人的行为规范，具体表现为人类依据一定的道德法则处理人们之间关系的实践活动。

显然，康德批判哲学的整体框架是依据理论与实践的二分模式建构起来的，他把纯粹理性区分为理论理性和实践理性，并且在两者之间划下了一条不可逾越的鸿沟。康德认为，在感性的经验世界中，人类虽然可以凭借自身的理论理性的能力，用先天的直观、范畴形式来认识和把握客体，但是，这种理论理性的活动并非完全是人类的自由自主的活动。因为人类在经验世界中的一切活动均受制于感性的物质客体。虽然人类可以在一定程度上为自然世界"立法"，但是，客观物质世界的存在是不以人类的立法为转移的。因此，在感性的现象世界中，实际上，人类并没有真正意义上的立法自由。

也就是说，"理论理性不能给予这个概念（自由）实在性，只有实践理性才能给予。实践理性通过行为证明其自身及其概念的实在性"③。按照康德的观点，尽管现象世界中的"按照自然概念"的技术上的实践受自然的因果必然性制约，但是，本体世界中的"按照自由概念"的道德上的实践却能真正体现出人的自我立法性。康德写道："通过自然概念来立法是由知性进行的并且是理论性的。通过自

---

① ［德］康德：《实践理性批判》，邓晓芒译，人民出版社2003年版，第56页。
② ［德］康德：《判断力批判》，邓晓芒译，人民出版社2002年版，第6页。
③ 张汝伦：《历史与实践》，上海人民出版社1995年版，第288页。

由概念来立法是由理性造成的并且只是实践性的。不过只有在实践中理性才是立法性的;在理论认识(自然知识)方面它只能(作为凭借知性而精通法律地)从给予的规律中通过推理而引出结论来,而这些结论终归永远只是停留在自然界那里的。"① 这就是说,在伦理道德领域,人的纯粹理性所具有的实践理性能力是一种完全不同于理论理性并且高于理论理性的能力。正是这种实践理性的能力使得人的意志在社会伦理生活中能够自由自觉地为自身立法。在康德看来,人为自身立法的形式是人的内心中的绝对命令的存在。这种绝对命令既是一种客观存在的实践的普遍法则,又普遍地存在于每个人的心中。康德说,"我"心中的道德律能够"从我的不可见的自我、我的人格开始并把我呈现在这样一个世界中"②,它"把我作为一个理智者的价值通过我的人格无限地提升了,在这种人格中道德律向我展示了一种不依赖于动物性、甚至不依赖于整个感性世界的生活,这些至少都是可以从我凭借这个法则而存有的合目的性使命中得到核准的,这种使命不受此生的条件和界限的局限,而是进向无限的"③。可见,人的道德实践的自我立法性实质上体现了人的独立性和自主性,体现了人对自然界的超越。据此,康德认为,真正属于作为理性存在者的人的基本生存方式的实践,乃是"按照自由概念"的道德实践,只有"按照自由概念"的实践才是具有道德意义和道德价值的实践活动。正是由于这种实践活动,才使人能够以真正的人的方式存在,并且朝着本真的人的方向发展。与此相反,"按照自然概念的实践"只能算作一种技术上的生产和认识论意义上的实践。

(二) 实践法则的根源:自我

无疑,康德看到了人类的两类活动之间的差别,然而却没有发现两者之间的真正联系,尽管他也试图通过所谓判断力的批判沟通人的

---

① [德]康德:《判断力批判》,邓晓芒译,人民出版社2002年版,第8—9页。
② [德]康德:《实践理性批判》,邓晓芒译,人民出版社2003年版,第220页。
③ 同上书,第221页。

认识领域和道德实践领域。按照康德的观点，人类的道德实践并非建立在物质生产实践的基础上，道德实践的普遍法则的内在根据也并非实践本身，而是一种抽象的、先验的"自我"。

自我的诞生，乃是现代性最为突出的标志。与古代哲学从共同体、上帝那里寻求生存的价值与意义的方式形成鲜明对照的是，现代哲学转向人的自身寻求生存的意义以及实践的普遍法则。自笛卡尔从上帝那里把理性降临到人间之后，康德进一步把先验的自我作为世界万事万物的根基，奠定了人作为主体的中心地位。

在康德看来，人是理性的存在物。所谓的启蒙运动"就是人类脱离自己所加之于自己的不成熟状态。不成熟状态就是不经别人的引导，就对运用自己的理智无能为力"[①]。而要走出这种未成年的状态，人类就必须要有勇气自觉地运用自己的理性。作为一种理性的存在者，人的最高本质是自由。这意味着，一方面，人的行动可以摆脱外物的影响而受自己的意志支配，人自身就是主宰自己的力量，即人有权利决定自己的生存方式；另一方面，人能够遵从实践的普遍法则，服膺"绝对命令"的内在要求。

康德论证的思路是从人心中先天地具有实践理性的道德立法形式开始，从而导出实践理性的最高原理，并进一步推演出一个道德实践的普遍法则体系。康德提出了最基本的三条绝对命令：第一条绝对命令是："要只按照你同时认为也能成为普遍规律的准则去行动。"或者说，"你的行动，应该把行为准则通过你的意志变为普遍的自然规律"[②]。这条命令的实质是"善良意志"。第二条绝对命令是："你的行动，要把你自己人身中的人性，和其他人身中的人性，在任何时候都同样看作是目的，永远不能只看作是手段。要把你本己中的人和其他本己中的人，在任何时候都同样看作是目的，永远不能

[①] ［德］康德：《历史理性批判文集》，何兆武译，商务印书馆1990年版，第22页。
[②] ［德］康德：《道德形而上学原理》，苗力田译，上海世纪出版集团、上海人民出版社2002年版，第39页。

只看作是手段。"① 这条命令的实质是"人是目的"。第三条绝对命令是："作为自己和全部普遍实践理性相协调的最高条件，每个有理性东西的意志的观念都是普遍立法意志的观念。"② 这条命令的实质是"意志自律"。在这三条绝对命令中，"人是目的"构成了人作为道德主体所具有的"善良意志"和"意志自律"的根据。一方面，"人是目的"意味着所有的人都是目的：在把"我"看作目的的同时，也要视他者为目的，这是人的"善良意志"的根据；另一方面，"人是目的"是人的理性的一种"应当"，而这种"应当"体现为人的意志的自律。可以看出，康德是把人作为主体所具有的内在价值与人对于自身的道德自律关联到一起，人服从于自己颁布的实践法则。在康德看来，当人类以道德自律来表达自己的自由的时候，才获得了真正的人格以及人之为人的价值与尊严。

显然，在康德的理论视野中，道德法则的基础在于先验的自我，而不在于任何外在自我的特殊善观念；在于实践理性主体本身，而不在于实践理性的客体，亦即这种主体是拥有自律意志的主体。因此，作为伦理和制度设计的依据只能是理性存在者本身，而不是任何经验的东西，否则的话，理性主体就会陷入他律的桎梏。

现代自由主义继承了康德主义的"人是目的"的价值理想。在《正义论》中，现代自由主义的巨擘罗尔斯承袭了康德式的个人观念。根据这一观念，自我就优先于共同体的至善，不受任何特殊的整体之目的的支配。罗尔斯认为，只有以这样一种个人观念为基础，自我才是真正自由的、独立的、以自身为目的的。在罗尔斯看来，权利的优先性表明了道德原则的证明与任何共同体的终极价值无关，也不应该以任何特殊的善观念为前提。可以看出，作为导出道德法则的罗尔斯正义伦理的核心理论预设之一的"原初状态"正是对康德主义的自律

---

① ［德］康德：《道德形而上学原理》，苗力田译，上海世纪出版集团、上海人民出版社 2002 年版，第 47 页。

② 同上书，第 49 页。

性概念的发展。按照何怀宏先生的说法,"原初状态可以看成是对康德的自律和绝对命令观念的一个程序性解释,而且对原初状态的描述使我们能够解释这样一种意义:按照这些正义原则去行动,表现了我们作为平等、自由的理性人的本质,我们之所以想按照正义原则去行动,是因为我们想成为具有一种选择自由的平等、理性的存在物"[1]。

(三) 先验的主体形而上学

以权利自我为中心,把人的理性当作实现权利自我的条件是现代性伦理的内在逻辑。在古代社会,宇宙大序、共同体、上帝支撑着人的生存意义及其价值;到了现代社会,那种以往仅仅作为宇宙大序中的一个构成环节的个体转变为拥有自由权利的个体。这样,古代伦理的"至善"论被现代伦理的"自我"论所代替,德性伦理学随之转变为义务论伦理学。

从上文的分析可以看出,以"人是目的"的观点为基础,康德论证了人的尊严和价值,但是另一方面,人又被他神化了,先验的、抽象的"自我"构成了康德主义道德实践原则的根源和理论支点。显然,作为实践法则的康德式的绝对命令也是先验的、超感性的。也就是说,在康德看来,道德原则并不是从经验事实中引申出来的,它们先天地蕴含在人的理性之中,人类自身的理性才是道德实践的终极权威。可以看出,康德的实践伦理意图剔除一切感性经验因素,摧毁一切造成他律的道德哲学的基础,从而建立一种完全基于自律原则基础之上的纯粹的道德形而上学,以保证道德原则自身的普遍性、必然性,克服古典道德哲学的种种局限。

综上所述,康德主义的实践伦理并非建立在具体的、历史的物质实践的基础之上,这种伦理学的实践法则的根基是先于社会的、被实体化的抽象自我。换言之,按照康德主义观点,只要确立一种"作为突出的基底的我思自我,绝对基础就被达到了,那么这就是说:主体乃是被转移到意识中的根据,即真实在场者,就是在传统语言中十分

---

[1] 何怀宏:《公平的正义》,山东人民出版社2002年版,第176—177页。

含糊地被叫作'实体'的那个东西"①。康德认为,"一个带有某种质料性的(因而经验性的)条件的实践规范永远不得算作实践法则。因为纯粹意志是自由的,它的法则把意志置于一个与经验性的领域完全不同的领域,而它所表达的必然性,由于不应当是任何自然必然性,所以就只能是一般法则的可能性的形式条件。实践规则的一切质料总是基于主观条件"②。总之,在康德主义看来,实践法则是一种来自先验的"纯粹实践理性"为自己设立的"先天的""统一的""客观的"法则。这样,不难得出结论,康德主义的实践伦理并非真正的实践哲学,而是一种建立在抽象的自我之基础上的先验的主体形而上学。在这种以"自我"为内在根据的先验形而上学中,共同体、整体不具有任何内在的价值,而只有工具的意义。因此,在康德主义的实践伦理中,个人和整体之间的关系只能是一种以个体为核心的抽象同一。

二 亚里士多德主义的实践观及其哲学

(一)"创制"与"实践"

在西语中,有三个词可以表示实践的含义:Practice、Practise、Prakitik,三者都来源于古希腊语 Praxis。据有关考证,Praxis 的原始含义是指一切有生命的东西的行为方式和运动方式。这些生物和生命体,包括上帝、众神、宇宙、星星、植物、动物和人,甚至有生命体的器官,以及政治共同体等。③

作为一种哲学范畴,"实践"概念肇始于亚里士多德。在亚里士多德看来,实践不是指作为物质生产活动的"创制",而是指一种作为伦理、道德和政治的行为以及活动的"实践"。亚里士多德说:"创制与实践互不相同(关于这种信念,就是那些外行人也可滔滔不

---

① [德]海德格尔:《面向思的事情》,陈小文、孙周兴译,商务印书馆1999年版,第75页。
② [德]康德:《实践理性批判》,邓晓芒译,人民出版社2003年版,第44页。
③ 参见张汝伦《历史与实践》,上海人民出版社1995年版,第95页。

绝)。因为实践所具有的理性品质不同于创制所具有的理性品质，两者并不互相包容。实践并不是创制，创制也不是实践。"① 按照亚里士多德的看法，创制和实践之间的最大不同表现在活动的目的上。亚里士多德认为，一切活动都有其目的，但是，不同活动之目的的表现形式却大不相同，有时候目的就是活动的本身，有时候目的则是活动之外的结果。在亚里士多德看来，实践就是一种以自身为目的的活动，具有完满的目的性；而创制则是以外在的事物为目的，是由他物所决定的，因此，创制只是一种片面的手段性活动。亚里士多德这样写道："创制之外另有目的，实践则没有，良好实践自身即是目的。"②

无疑，按照亚里士多德的观点，实践是高于创制的。如果说创制仅仅是一种满足人的物质需要的活动的话，那么，实践则是一种能够体现人之为人的价值与意义的活动。之所以如此，根本的原因就是在于实践是一种趋向于一定的终极目的的活动。亚里士多德说："一切技术、一切规划以及一切实践和抉择，都以某种善为目标。因为人们都有个美好的想法，即宇宙万物都是向善的。"③ 在亚里士多德看来，人类生存的过程就是追求美好生活的过程，幸福是人生追求的最高目的。那么，什么是幸福呢？按照亚里士多德的看法，"幸福是人最大的和最好的善"④。什么又是善呢？亚里士多德接着写道："人的善就是合乎德性而生成的灵魂的现实活动。如若德性有多种，则须合乎那最美好、最完美的德性，而且在整个一生中都须合乎德性，一只燕子造不成春天或一个白昼，一天或短时间的德性，不能给人带来至福或

---

① [古希腊]亚里士多德:《亚里士多德全集》(第8卷)，苗力田译，中国人民大学出版社1994年版，第123—124页。
② [古希腊]亚里士多德:《尼各马科伦理学》，苗力田译，中国社会科学出版社1999年版，第127页。
③ [古希腊]亚里士多德:《亚里士多德全集》(第8卷)，苗力田译，中国人民大学出版社1994年版，第3页。
④ 同上书，第350页。

幸福。"① 可以看出，亚里士多德从目的论的观点出发赋予了实践以德性的内涵。也就是说，实践是合乎德性的活动，是合乎最高的善的活动，是实现人的幸福的活动。这样，在亚里士多德看来，人的实践活动就包含了形而上学的终极关怀的维度。这种终极关怀作为人类生存的意义指向，贯穿于人类实践活动的始终。同时，只有在意义的观照下，实践才是真正的属于人的活动。按照亚里士多德的观点，正是由于这种实践活动，人获得了人之为人的规定性与尊严。

现代德性伦理继承了亚里士多德主义的实践观。麦金太尔认为，现代社会的道德危机滥觞于自由主义对亚里士多德德性传统的摒弃。因此，要拯救这种道德危机就必须重新回到亚里士多德主义的目的论传统。按照麦金太尔的看法，在现代社会，实践活动已经沦为纯粹实现外在利益的工具，"在任何只承认外在利益的社会，竞争居支配地位，甚至是唯一特征。在霍布斯的自然状态中，我们看到了这样一个社会的出色画像，特恩布尔教授的艾克人的命运的报告，以最可怕的方式证实了我的和霍布斯的观点表达的社会现实"②。这样所造成的结果是，人成为物化的人，成为只知道追求自己的私利、没有德性的人。显然，这样一个只注重外在利益的社会不是真正理想的人类社会。

正是在强调外在利益的工具理性泛滥的背景下，麦金太尔以一种亚里士多德式的口吻对实践观作出了与古典时代如出一辙的阐释。麦金太尔说："一种德性是一种获得性品质，这种德性的拥有和践行，使我们能够获得对实践而言的内在利益，缺乏这种德性，就无从获得这些利益。"③ 在此，麦金太尔阐明了德性在人类实践活动中的地位。也就是说，没有德性的存在，就会妨碍人类获得实践的内在利益，从

---

① [古希腊] 亚里士多德：《亚里士多德全集》（第 8 卷），苗力田译，中国人民大学出版社 1994 年版，第 14 页。
② [美] 麦金太尔：《德性之后》，龚群、戴扬毅等译，中国社会科学出版社 1995 年版，第 247—248 页。
③ 同上书，第 241 页。

而使得实践除了作为获得外在利益的工具之外毫无意义。可以看出，实践活动的内在利益的获得是与德性密不可分的。换言之，没有德性，实践就不可能维持下去。麦金太尔认为，有了德性，"实践就能够在有着非常不同的准则的各种社会中兴盛发展，而它决不可能是这种情形：实践兴盛而德性不受重视"[1]；"若没有德性，就只能认识到我称之为外在利益的东西，而根本认识不到实践背景下的内在利益"[2]。

（二）实践法则的根源：至善、德性与共同体

不难看出，亚里士多德正确地看到了"实践"与"创制"之间的区别，但是，当他试图以"至善"来统一两者的时候，两者之间的真正联系被割裂了。按照亚里士多德的观点，"实践"的最初起点和根源并非来自具体、历史的"创制"，实践法则的根据也并非人的实践本身。相反，"实践"和"创制"的内在根据都是作为人的活动的终极目的共同体的"至善"。

从上文可以看到，亚里士多德主义的德性伦理实质上是一种目的论学说。在亚里士多德看来，宇宙是一个从质料到形式、从潜能到现实的不断发展过程，整个世界构成了一个从低级到高级的等级体系。在这个金字塔的顶端存在着一个不含有任何质料的"纯形式"，这就是作为世间万事万物所追求之最终目的的"至善"：神或上帝。亚里士多德写道："如若在实践中确有某种为其自身而期求的目的，而一切其他事物都要为着它，而且并非全部抉择都是因为他物而作出的（这样就要陷于无穷倒退，一切欲求就变成无益的空忙），那么，不言而喻，这一为自身的目的也就是善自身，是最高的善。"[3] 显而易见，亚里士多德的理论诉求是试图用这种作为终极目的的"最高的善"来

---

[1] ［美］麦金太尔：《德性之后》，龚群、戴扬毅等译，中国社会科学出版社1995年版，第244页。

[2] 同上书，第247页。

[3] ［古希腊］亚里士多德：《亚里士多德全集》（第8卷），苗力田译，中国人民大学出版社1994年版，第4页。

统摄人类的一切行为和实践活动。由于人类的行为和实践活动是多种多样的,因此目的也是多种多样的。亚里士多德从目的论的观点出发对不同的善进行了层次和等级的划分,并且以最高的善来统摄次级的目的,从而统摄人类的一切活动。可见,在亚里士多德主义的理论视域中,作为最高的目的的至善制约着人的选择和追求,成为道德实践的普遍法则的基础。

同时,亚里士多德强调,个体的善离不开城邦的善,只有在城邦共同体中才能得到实现;人类注定要生存于共同体之中,共同体的善就是人类的至善。也就是说,共同体的历史、传统、文化以及道德构成了人类实践法则的根据。从这种观点出发,亚里士多德认为,"城邦显然是自然的产物,人天生是一种政治动物,在本性上而非偶然地脱离城邦的人,他要么是一位超人,要么是一个鄙夫;就像荷马所指责的那种人:无族、无法、无家之人,这种人是卑贱的,具有这种本性的人乃是好战之人,这种人就仿佛棋盘中的孤子"[①]。按照亚里士多德的看法,人区别于动物的重要特征就在于人的社会性,只有在一定的社会共同体中人才能生存与发展。一方面,人受到各种社会关系的制约;另一方面,人又只有借助于社会关系才能实现自己人之为人的德性本质。在德性伦理看来,人拥有了德性品质就意味着自己能够遵循实践法则,而这种内在品质的获得正是来自共同体。亚里士多德这样写道:"人一旦趋于完善就是最优良的动物,而一旦脱离了法律和公正就会堕落成最恶劣的动物。不公正被武装起来就会造成更大的危险,人生即装备有武器,这就是智能和德性,人们为达到最邪恶的目的有可能使用这些武器。所以,一旦他毫无德性,那么他就会成为最邪恶残暴的动物,就会充满无尽的淫欲和贪婪。"[②]

在亚里士多德看来,人是理性的动物。作为理性的存在物,人的

[①] [古希腊] 亚里士多德:《亚里士多德全集》(第9卷),颜一、秦典华译,中国人民大学出版社1994年版,第6页。

[②] 同上书,第7页。

本质在于对德性的把握。人的理性意味着人能够获得实现共同体的至善所需要的德性品质。亚里士多德认为，善是人作为理性存在者的一种客观要求，因此，人应当拥有德性，应当追求至善。亚里士多德说道："和其他动物比较起来，人的独特之处就在于，他具有善与恶、公正与不公正以及诸如此类的感觉；家庭和城邦乃是这类生物的结合体。"①

在现代社会的背景下，尽管社群主义德性伦理祛除了亚里士多德主义的神学之魅，但是仍然继承了亚里士多德式的整体主义目的论思想。在社群主义看来，为人类道德实践立法的虽然不是亚里士多德所谓的"神"或者"上帝"，但也不是实践本身。按照社群主义的观点，道德实践之普遍法则的根据仍然是亚里士多德意义上的被本体化、绝对化的共同体的历史、传统以及文化。简言之，在以麦金太尔为代表的现代德性伦理看来，实践依存于德性，而德性则依存于共同体的历史、传统以及文化之中。

（三）思辨的客体形而上学

据前文所述，亚里士多德主义的德性伦理把德性、至善、共同体作为正义理想的核心，其内在的理论逻辑是：一方面，人能够通过对德性品质的拥有、对至善的把握以及对共同体的切近，实现人的自我价值；另一方面，以德性、至善、共同体作为道德实践之普遍法则的内在根据，并在此基础上实现社会秩序的整合。

显然，从一种目的论的立场出发，亚里士多德主义把共同体及其历史与传统神化了，本体化、绝对化的整体构成了亚里士多德主义道德原则的阿基米德支点。在亚里士多德主义看来，实践法则不是来自实践本身，而是内蕴于共同体的历史、传统、文化之中。质言之，外在于人类自身的共同体是道德实践的最终裁判者。这就是说，亚里士多德主义试图以绝对化的德性、至善、共同体为基础建立一种道德哲

---

① ［古希腊］亚里士多德：《亚里士多德全集》（第9卷），颜一、秦典华译，中国人民大学出版社1994年版，第6—7页。

学。在德性伦理看来,这种完全基于他律原则基础之上的道德原则显然具有普遍性和必然性。

综上所述,虽然亚里士多德创立了实践伦理,但是他的实践服从于一种整体主义的目的论。无疑,亚里士多德主义的实践伦理也不是真正的实践哲学,而是一种建立在绝对整体基础之上的思辨的客体形而上学。这样,与康德主义的命运相同,在这种以共同体为内在根据的思辨的客体形而上学中,个体与整体之间的关系也只能是一种以整体为核心的抽象同一。个体沦为实现整体之目的的工具和手段,人的自由权利被湮没在共同体及其历史、传统的宏大叙事之中。

三 马克思主义的实践观及其哲学

(一) 马克思主义的实践观

与康德主义和亚里士多德主义不同,实践构成了马克思主义哲学的理论基石。正是在这个意义上,马克思、恩格斯自称为"实践的唯物主义者"①。

按照马克思、恩格斯的实践的唯物主义的观点,人所面对的世界是在人的实践活动基础上生成的,是一种人化的世界,因此,对世界的理解应当从人的实践活动出发。在批判旧唯物主义时,马克思、恩格斯指出,"从前的一切唯物主义(包括费尔巴哈的唯物主义)的主要缺点是:对对象、现实、感性,只是从**客体**的**或者直观**的形式去理解,而不是把它们当作**感性的人的活动**,当作**实践**去理解,不是从主体方面去理解"②;"要从费尔巴哈的抽象的人转到现实的、活生生的人,就必须把这些人作为在历史中行动的人去考察。……对抽象的人的崇拜,即费尔巴哈的新宗教的核心,必定会由关于现实的人及其历史发展的科学来代替"③。

---

① 马克思、恩格斯:《马克思恩格斯选集》(第1卷),人民出版社1995年版,第75页。
② 同上书,第54页。
③ 马克思、恩格斯:《马克思恩格斯选集》(第4卷),人民出版社1995年版,第241页。

以《1844年经济学哲学手稿》的写作为标志,马克思初步形成了从人的实践活动出发去理解人的生存方式的哲学立场。在马克思看来,人的本质就是通过对象性的实践活动来确证自身的自由自觉的主体,"一个种的全部特性、种的类特性就在于生命活动的性质,而人的类特性恰恰就是自由的有意识的活动"①。

与传统的实践观对实践内涵的割裂不同,按照马克思的观点,作为人的对象性活动的实践是所谓的"实践"与"创制"(亚里士多德)、"按照自由概念的实践"与"按照自然概念的实践"(康德)的统一。马克思这样写道:"不仅五官感觉,而且连所谓精神感觉、实践感觉(意志、爱等等),一句话,人的感觉、感觉的人性,都是由于**它**的对象的存在,由于**人化**的自然界,才产生出来的。"② 在此,我们不难看出,马克思的实践不仅是指人们改造自然的物质生产活动(五官感觉),而且是指人们改造社会和确证自身的道德文化活动(实践感觉、精神感觉)。

不仅如此,马克思还把遭到传统思想贬抑的物质生产活动提升到实践范畴的主导地位。按照马克思主义的看法,"生产实践既是人和自然之间物质变换的过程,又是人和人之间活动的互换过程,同时还是人和自然之间物质与观念的转换过程"③。

其一,人类社会存在和发展所必需的生活资料、生产资料都是通过物质生产活动创造出来的。马克思、恩格斯写道:"人们为了能够'创造历史',必须能够生活。但是为了生活,首先就需要吃喝住穿以及其他一些东西。因此第一个历史活动就是生产满足这些需要的资料,即生产物质生活本身。"④

---

① 马克思、恩格斯:《马克思恩格斯选集》(第1卷),人民出版社1995年版,第46页。
② 马克思:《1844年经济学哲学手稿》,人民出版社2000年版,第87页。
③ 杨耕:《为马克思辩护》,黑龙江人民出版社2002年版,第119页。
④ 马克思、恩格斯:《马克思恩格斯选集》(第1卷),人民出版社1995年版,第79页。

其二，一方面，人类的物质生产活动改造了自然，使自然世界成为属人的世界。人们"周围的感性世界决不是某种开天辟地以来就直接存在的、始终如一的东西，而是工业和社会状况的产物，是历史的产物，是世世代代活动的结果"①。另一方面，尤其重要的是，这种改造自然的物质生产实践，同时还是人的自我生成的过程。马克思说："**整个所谓世界历史**不外是人通过人的劳动而诞生的过程，是自然界对人来说的生成过程。"②

其三，人的物质生产活动构成了道德文化活动的基本前提。在马克思主义看来，"物质生活的生产方式制约着整个社会生活、政治生活和精神生活的过程。不是人们的意识决定人们的存在，相反，是人们的社会存在决定人们的意识"③；"思想、观念、意识的生产最初是直接与人们的物质活动，与人们的物质交往，与现实生活的语言交织在一起的。人们的想象、思维、精神交往在这里还是人们物质行动的直接产物。表现在某一民族的政治、法律、道德、宗教、形而上学等的语言中的精神生产也是这样。人们是自己的观念、思想等等的生产者，但这里所说的人们是现实的、从事活动的人们，他们受自己的生产力和与之相适应的交往的一定发展——直到交往的最遥远的形态——所制约"④。不难看出，马克思在此明确表达了一切道德文化活动都是物质生产和物质交往活动的产物这一基本思想。

如果说上述揭示了马克思主义实践观与传统实践观之间区别的话，那么，对实践的生存意蕴的关注则体现了马克思主义对亚里士多德以来的传统实践观的一脉相承。毋庸置疑，以物质生产活动为基础的包含道德文化活动的马克思主义的实践观是一个关切人本身的生存

---

① 马克思、恩格斯：《马克思恩格斯选集》（第 1 卷），人民出版社 1995 年版，第 76 页。

② 马克思：《1844 年经济学哲学手稿》，人民出版社 2000 年版，第 92 页。

③ 马克思、恩格斯：《马克思恩格斯选集》（第 2 卷），人民出版社 1995 年版，第 32 页。

④ 马克思、恩格斯：《马克思恩格斯选集》（第 1 卷），人民出版社 1995 年版，第 72 页。

的概念。

在马克思主义看来，只有对象性的实践活动才能使人成为真正意义上的人。人通过自己的实践活动，在使自然不断人化的同时也不断地创造着自身。在这个过程中，人确证了自己的本质力量，实现了自己的价值，获得了人之为人的规定性与尊严。马克思、恩格斯这样写道："可以根据意识、宗教或随便别的什么来区别人和动物。一当人开始**生产**自己的生活资料的时候，这一步是由他们的肉体组织所决定的，人本身就开始把自己和动物区别开来。"①

可以看出，按照马克思主义的观点，对象性的实践活动（以物质生产活动为起点）具有丰富的价值意蕴，它是人在世界中的一种存在方式、确证方式和生成方式。这种实践"既表现为面对外部自然的物质生产，表现为人们之间的精神交往、信息交流，本质上又是依据生活信念展开生命活力和追求自由个性的自主自律活动，换言之，实践是自成目的的人的生活过程，因而实践的本质规定性属于存在论而非认识论，它既系于知识和技术，更系于人性和智慧；实践的创造性或生产性源自于又表现为人们'社会的'、'文化的'生存方式，即产生并体现普适规范和卓越典范的'人文化成'的族'类'活动，它像一条红线贯穿在人的目的的建构和与实现的过程中"②。

（二）实践法则的根源：作为本体的实践

从传统社会到现代社会，本体论的思维方式一直在人类的思想中起着支配性的作用。在传统的本体论哲学看来，所谓的本体实际上指的是一种本质的、终极性的存在。而正是这种终极性的存在构成了支配宇宙的普遍法则的内在根据。

显然，柏拉图以来的传统本体论哲学的失足之处在于，它在人的生活世界之外寻找人类生存的根据，用彼岸世界先验的、绝对的实体

---

① 马克思、恩格斯：《马克思恩格斯选集》（第1卷），人民出版社1995年版，第67页。

② 张曙光：《价值论研究：问题与出路》，《华中科技大学学报》（社会科学版）2002年第4期。

（自我或者共同体）去解释此岸世界的人类现实活动。结果是，这种本体论哲学沦为一种与人的生存无关的教条。也就是说，传统本体论哲学"在形上的沉思中完全抛开了人，不是从人的本质和人的视野去看世界，探求世界之为人存在的本性，而是把世界视为与人无涉的纯粹自在的彼岸，在人之外设想某种现在的本体，由它来外化人、规定人，人成了本体的玩偶"①。

尽管传统的本体论哲学陷入了困境，但是，人类对"是/存在"的思考和追求不会终止。这是由人类的本性所决定的。在某种意义上说，人是一种形而上学的动物，人总是不断地寻求超越自我，叩问自己的生命活动的内在根据。因此，传统本体论哲学的危机并不意味着本体论的思维方式必须被彻底抛弃，而是表明人类应该以一种新的方式重建形而上学。

马克思主义哲学所实现的伟大变革就是扬弃传统本体论哲学的思维方式，并立足于人的实践，把对象性的实践活动作为理解一切社会生活的内在根据，从而使哲学回归人的生活世界和现实生命。海德格尔指出："纵观整个哲学史，柏拉图的思想以有所变化的形态始终起着决定性作用。形而上学就是柏拉图主义。尼采把他自己的哲学标示为颠倒了的柏拉图主义。随着这一已经由卡尔·马克思完成了的对形而上学的颠倒，哲学达到了最极端的可能性。"②

在《关于费尔巴哈的提纲》一文中，马克思写道："全部社会生活在本质上是**实践的**。凡是把理论引向神秘主义的神秘东西，都能在人的实践中以及对这个实践的理解中得到合理的解决。"③ 由此可见，"马克思的实践概念首先是一个本体论意义上的概念，即使他在谈论实践的基本形式——生产劳动时，也首先是从本体论着眼的，所以他关心的不是人通

---

① 张奎良：《马克思本体论思想的人学意义与实践根基》，载赵剑英、俞吾金主编《马克思的本体论思想》，社会科学文献出版社2006年版，第93—94页。

② [德]海德格尔：《面向思的事情》，陈小文、孙周兴译，商务印书馆1999年版，第70页。

③ 马克思、恩格斯：《马克思恩格斯选集》（第1卷），人民出版社1995年版，第56页。

过生产劳动去认识什么,而是在私有制情况下人的劳动异化的本质,以及如何通过消灭私有制来扬弃异化,达到人性的复归"①。

如果说传统的本体论哲学所关注的是一种还原论的"世界是什么"的问题。那么,马克思主义的实践本体论所关注的则是"世界应当怎样"的问题。这样,与传统形而上学的实体本体论形成鲜明对比的是,马克思主义的实践本体论是生成的、开放的,而不是绝对的、封闭的。"本体论只能是实践的和生成的,不仅人类社会和人性是实践活动的产物,而且人类对世界是什么的问题的看法,也是随着人类视野的扩大而逐步展开的。"②

不难发现,按照马克思主义的理论逻辑,道德实践的普遍法则既不是来自康德式的先验的自我,也不是来自亚里士多德式的绝对的共同体,而是来自人类自身对象性的实践活动。换句话说,与传统的形而上学在实践之外预设了一种实体化的本体(客体或主体)作为实践法则的基础不同的是,马克思主义的感性实践本身构成了本体(显然,这种本体不是关于"终极存在"的具有绝对权威的、至高无上的本体,而是一种关系、过程、生成的本体③),而实践法则的根源就是人的感性实践活动。

(三) 实践的形而上学

传统的形而上学思维方式总是预设一个作为本质的、永恒不变的实体化本体,一个能够"构成存在者的基础的东西,这东西在偶然的附带的东西的一切变化中坚持到底,并把事物实际上作为事物来构成"④,并且,世界上的万事万物都将之作为自己存在的内在根据。从政治哲学的角度来看,以亚里士多德为代表的德性伦理是一种思辨

---

① 俞吾金:《论马克思对西方哲学传统的扬弃》,《中国社会科学》2001年第3期。
② 韩震:《生成的存在:人类实践本体论》,《江海学刊》2002年第4期。
③ 参见丰子义《马克思本体论思想的方法论》,载赵剑英、俞吾金主编《马克思的本体论思想》,社会科学文献出版社2006年版,第108页。
④ [德] 冈特·绍伊博尔德:《海德格尔分析新时代的科技》,宋祖良译,中国社会科学出版社1993年版,第58页。

的客体形而上学。在这种伦理学看来，绝对的共同体、至善、德性乃至上帝是道德实践之普遍法则的根据；而以康德为代表的权利伦理则是一种先验的主体形而上学。在这种伦理学看来，先于目的的"自我"是道德实践之普遍法则的根据。然而，无论是思辨的客体形而上学，还是先验的主体形而上学，由于它们都把主体和客体截然两分，或者从纯粹的客体出发去说明主体和世界，或者从纯粹的主体出发去说明客体和世界。因此，它们对人类社会的看法都是片面的、抽象的，都不可能合理地解释人类的道德生活和命运。可以说，"马克思之前的思想家们对人苦苦思索却不得要领、未获正果，其关键原因在于他们抽象直观的思维方式：他们对人自身这个'对象、现实、感性'的理解也同对人之外的'对象、现实、感性'的理解一样，要么诉诸一种纯客体性的抽象直观，要么诉诸一种纯主体性的抽象直观，而不懂得从人的实践活动的维度去进行理解。这种抽象直观的思维方式虽然也能抓住人的某些外部特征或派生特征，但在总体上不能真正把握人的本质。他们所犯的错误颇类似于盲人摸象式的错误"①。

在马克思主义看来，传统形而上学所谓的实体化的本体是不存在的，人类社会中的一切，离开人的对象性的实践活动都无法得到真正的理解。按照马克思的观点，作为沟通人与世界之间关系的桥梁，人的实践活动一方面创造着人类的生活世界，使得社会得以生成，另一方面又创造着人类自身，使得自我得以生成。可见，从人的实践活动出发，主体与客体找到了相互作用和相互转化的真正基础。在这个意义上，马克思主义的实践本体论②超越了传统的本体论哲学，为人类的道德法则提供了合理的解释。

可以看出，正是以人的对象性的实践活动为基础，马克思主义重

---

① 林剑：《论马克思实践唯物主义人学理论的深刻革命》，《哲学研究》2006年第9期。

② 俞吾金先生称之为"生存论的本体论"，杨耕先生称之为"实践本体论"，张奎良先生称之为"实践人学本体论"，韩庆祥先生称之为"实践生成本体论"。参见赵剑英、俞吾金主编《马克思的本体论思想》，社会科学文献出版社2006年版。

构了人类社会的本体性存在，创建了实践的形而上学。这样，在马克思主义实践形而上学的理论视野中，"哲学关注的焦点从超验世界转向'感性世界'，从宇宙本体转向人的生存状态，从'寻求最高原因'转向探究人的生存实践活动"①。因此可以说，马克思主义的实践形而上学克服了传统形而上学的内在局限，是真正的实践哲学。这种实践哲学从人的对象性的实践活动出发，扬弃了人与世界之间的二元对立，克服了传统本体论哲学所造成的主体与客体之间分立的理性主义弊端。因此，只有在这种以人的对象性实践活动为基础的马克思主义哲学的视野中，个体与整体之间才能实现辩证的统一。

第二节　人的主体性与社会性的辩证统一

如果说，权利与德性之间统一的实质是个体与整体之间的统一的话，那么，个体与整体之间的统一则又表现为人的主体性与社会性之间的统一。按照马克思主义的观点，一方面，实践使人具有主体性、个体性的品质；另一方面，实践又使人具有社会性、整体性的特征。这样，在马克思主义的实践哲学中，人的主体性与社会性、个人与整体、权利与德性之间实现了一种辩证的统一。

一　实践哲学中的人的主体性

人的主体性指的是一种人的自我认识、自我塑造、自我奠基、自我实现的生命活动以及在这一过程中所表现出来的人的自主性、选择性、独特性和创造性的生命特征，是人的生命的一种自觉的哲学表达。主体性原则的核心是以个体为本位，这就是说，在主体性哲学看来，每一个个体都是独特的、不可重复的主体，"人成为与自然事物

---

① 杨耕：《马克思哲学与"生存论转向"》，《哲学研究》2001年第12期。

以及其他自然生命相区别的个体,是人的主体性发展的最基本的前提"①。作为主体的存在,人的意志是自由的,人的独立性、自由性是主体性最基本的规定。主体性的拥有意味着人是自己的主人,人有权利决定自己的生活,把握自己的命运。对人的主体性的探讨,实质上是一种对人的哲学意义的拷问。

(一) 主体形而上学中的主体性思想

从一定意义上说,现代性发轫于对人的主体性的发现,它强调人的个性、独立与尊严。因此可以说,主体性原则构成了现代主体形而上学的"第一条原理"②。黑格尔写道:"现代世界是以主观性的自由为其原则的,这就是说,存在于精神整体中的一切本质方面,都在发展过程中达到它们的权利的。"③作为现代权利伦理的基本原则,主体性思想的核心内容实际上是"把主观意识的'自我'实体化为'主体',强调自我意识的同一性是保证其它一切存在者存在的最终根据"④。

现代哲学中的主体性思想肇始于古希腊。智者普罗泰戈拉说:"人是万物的尺度(权衡者),是存在者如何存在的尺度,也是非存在者如何非存在的尺度。"⑤普罗泰戈拉的这一黑格尔所谓的"伟大的命题"⑥,标志着人的主体性观念的古代萌芽。

然而,在前现代社会,由于自我始终处于由传统的宗法关系所维系的自然秩序和意义链条之中,人的主体性、能动性、创造性受到共同体、历史、传统的压制而不可能得到张扬。

---

① 郑杭生、杨敏:《个人的当代形貌:社会化理论的世纪挑战——人的主体性的新发展与以人为本的时代源泉》,《河北学刊》2006 年第 3 期。
② [法] 笛卡尔:《谈谈方法》,王太庆译,商务印书馆 2000 年版,第 27 页。
③ [德] 黑格尔:《法哲学原理》,范扬、张企泰译,商务印书馆 1961 年版,第 291 页。
④ 贺来:《论马克思实践哲学的政治意蕴》,《哲学研究》2007 年第 1 期。
⑤ 汪子嵩等:《希腊哲学史》(第 2 卷),人民出版社 1993 年版,第 254 页。
⑥ [德] 黑格尔:《哲学史讲演录》(第 2 卷),贺麟、王太庆译,商务印书馆 1960 年版,第 27 页。

文艺复兴是现代性思想的源头。这一时期，思想家们热切地歌颂人是"万物之灵"，呼唤人的理性，要求人的平等自由。这种对中世纪神权至上的反叛对后来的思想家产生了极为深刻的影响。文艺复兴以降，人的主体性成了西方思想家们念兹在兹的目标。

启蒙运动是开启西方现代性的标志性事件。作为确立主体性原则的时代前提，启蒙的根本目标在于摆脱神权、专制的束缚，并运用理性的标准去评判世间的一切。在理性之光的照耀下，自然和社会不再是神秘的造物，而是人能够凭借自己的理性去认识的具有规律的存在。韦伯如此写道："只要人们想知道，他任何时候都能够知道；从原则上说，再也没有什么神秘莫测、无法计算的力量在起作用，人们可以通过计算掌握一切。而这就意味着为世界除魅。人们不必再像相信这种神秘力量存在的野蛮人那样，为了控制或祈求神灵而求助于魔法。技术和计算在发挥着这样的功效，而这比任何其他事情更明确地意味着理性化。"① 这样，在上帝退隐的同时，人的地位也日益凸显。人们从此不再专注于上天的事物，而是把目光专注于自身，成了世界的主宰者。

如果说近代西方哲学意味着人的主体性的觉醒，那么，笛卡尔就是这一思想的奠基者。笛卡尔之所以能够"转移近代哲学的兴趣"的枢纽是"我思故我在"这一原则。② 作为确立人的主体性的根据，"我思"不是知识的对象，而是知识的先决条件，所有的知识都必须建立在"我思"的基础上才能获得普遍性、必然性。与之相对应，一些知识之所以可疑，是因为它们没有经过"我思"的评判。笛卡尔的理论诉求实际上是要把客观性还原为主体性，并以主体性建构哲学的终极基础。对笛卡尔来说，外在的东西是不确定的，探寻知识普遍性必然性之唯一可靠的方法就是向内的激进怀疑，直至达到这个超越一

---

① [德]韦伯：《学术与政治》，冯克利译，生活·读书·新知三联书店1998年版，第29页。

② [德]黑格尔：《小逻辑》，贺麟译，商务印书馆1980年版，第157页。

切怀疑的东西：我思。在他看来，只有纯粹的、理性的"我思"才能作为认识论哲学的基础。这样，现代"自我"应运而生。

笛卡尔之后，康德明确提出了人的主体性问题，进一步确立了以理性为根据的人的主体性原则。在他看来，人类摆脱自己的"不成熟状态"的途径就是"公开运用自己理性"①。从对现象世界和物自体加以区分的二元论出发，康德认为，人类通过先天直观形式和先验的知性范畴，在认识领域"为自然立法"，在道德实践领域"为自身立法"。

在康德哲学中，主体性原则表现为一种绝对的"自我意识"。在康德看来，这种自我意识是人类区别于动物的根本标志，是主体的本质属性。不难看出，康德的自我意识原则凸显了人的能动性，揭示出主体的本质规定——自由，并且使自由具有了本体论地位：人是目的。这是从康德的自我意识学说出发所得出的重要结论，也是西方哲学中的主体性原则在最终确立时所孕育出来的思想果实。

综上可见，主体性原则是现代主体形而上学的核心。黑格尔首先发现，"在现代，宗教生活、国家和社会，以及科学、道德和艺术等都体现了主体性原则"②。海德格尔也认为，自笛卡尔以来，"'我'成了别具一格的主体，其它的物都根据'我'这个主体才作为其本身而得到规定。因为它们——在数学上——只有通过与最高原理及其'主体'（我）的因果说明关系才获得它们的物性，所以它们在本质上是作为一个它者处于与'主体'的关系中，作为客体与主体相对"③。

然而，现代形而上学的主体性思想虽然发展了人的能动性方面，但是这种能动性只是得到了"抽象地发展"④，因为，笛卡尔以来的

---

① ［德］康德：《历史理性批判文集》，何兆武译，商务印书馆1990年版，第24页。
② ［德］哈贝马斯：《现代性的哲学话语》，曹卫东等译，译林出版社2004年版，第22页。
③ ［德］海德格尔：《海德格尔选集》（下卷），孙周兴选编，上海三联书店1996年版，第882页。
④ 马克思、恩格斯：《马克思恩格斯选集》（第1卷），人民出版社1995年版，第58页。

第五章　权利与德性的统一：基于马克思主义实践哲学的正义生成　/　137

那个孤立的、理性主体是一种形而上学的虚构，是非历史的、认识论的"想象的主体"①。这样，现代形而上学的主体性就成了主体意识的内心独白，而忽略了主体的文化历史传承以及社会关系，最终必然会走向一种自我关注的"唯我论"和"人类中心主义"。显然，以自我确证为鹄的的主体形而上学以失败而告终。黑格尔写道："康德这种哲学使得那作为客观的独断主义的理智形而上学寿终正寝，但事实上只不过是把它转变成为一个主观的独断主义，这就是说，把它转移到包含着同样的有限的理智范畴的意识里面，而放弃了追问什么是自在自为的真理的问题。"② 正是在这种背景下，马克思开始对近代以来的主体性思想加以扬弃，从而确立了自己的主体性思想。

（二）实践哲学中的人的主体性

与主体形而上学的先验的理论立场不同，马克思主义哲学从实践的观点出发证成人的主体性。按照哈贝马斯的看法，马克思的"主体既不是先验的自我，也不是绝对精神，而是有躯体的、能劳动的主体。这个主体认识世界的能力是在向自然界以及其他人的、不断变换形式的交往中积累起来的"③。也就是说，实践哲学发动了一场海德格尔所谓的"思想之居所的革命"④：它的理论支点不是抽象的"我思"，而是"现实的个人"；它的思考对象不是意识的世界，而是人的生活世界；它的提问方式不是"世界是什么"，而是"世界应当怎样"；它的出场路径不是还原论的，而是生成论的。

从马克思主义的实践观点来看，所谓的"自我意识"不过是一种纯粹的形而上学虚构。马克思、恩格斯写道："思想根本不能**实现什**

---

① 马克思、恩格斯：《马克思恩格斯选集》（第1卷），人民出版社1995年版，第73页。
② ［德］黑格尔：《哲学史讲演录》（第4卷），贺麟、王太庆译，商务印书馆1978年版，第258页。
③ ［德］哈贝马斯：《认识与兴趣》（译者前言），郭官义、李黎译，学林出版社1999年版，第10页。
④ ［法］费迪耶等：《晚期海德格尔的三天讨论班纪要》，《哲学译丛》2001年第3期。

么东西,为了实现思想,就要有使用实践力量的人。"① 因此,主体实质上是具有"对象性的本质力量"的现实的人,人的主体性则是实践所固有的品质,是在人的物质生产实践和道德文化实践中生成的。显然,离开了实践,就无所谓人的主体性。简而言之,"实践性是主体性的基础,主体性是实践性的本质特征"②。

作为人的对象性活动,实践赋予了人在与自然、社会以及自身之间的关系中的主体地位。马克思说"人始终是主体"③,这意味着所有的社会关系,包括经济、政治、道德、文化等社会关系,都是作为主体的人的实践的产物。

其一,从人与自然的关系来看。虽然人是自然界的产物,但是人类自诞生以后,在物质生产实践中,就体现出了自己的主体性。因为首先,人的实践是自由自觉的、有目的有计划的活动。恩格斯指出,"人离开动物越远,他们对自然界的影响就越带有经过事先思考的、有计划的、以事先知道的一定目标为取向的行为的特征"④;"人同其他动物的最终的本质的差别"在于"动物仅仅**利用**外部自然界,简单地通过自身的存在在自然界中引起变化;而人则通过他所作出的改变来使自然界为自己的目的服务,来**支配**自然界"⑤。其次,这种改造自然的物质生产实践,同时又是作为主体的人的诞生过程。质言之,"生产不仅为主体生产对象,而且也为对象生产主体"⑥;"通过实践**创造**对象世界,**改造**无机界,人证明自己是有意识的类存在物"⑦。

其二,从人与社会的关系来看。一方面,人固然是社会的产物,

---

① 马克思、恩格斯:《马克思恩格斯全集》(第2卷),人民出版社1957年版,第152页。
② 吴育林:《简论"实践主体"及其品质》,《哲学研究》2006年第9期。
③ 马克思:《1844年经济学哲学手稿》,人民出版社2000年版,第91页。
④ 马克思、恩格斯:《马克思恩格斯选集》(第4卷),人民出版社1995年版,第382页。
⑤ 同上书,第383页。
⑥ 马克思、恩格斯:《马克思恩格斯全集》(第46卷上),人民出版社1979年版,第29页。
⑦ 马克思:《1844年经济学哲学手稿》,人民出版社2000年版,第57页。

但是另一方面，人在道德政治实践中体现出了自己的主体力量。因为，任何社会的道德关系、政治制度都是人类交往实践活动的结果。人类的"实践活动不仅证明了社会和外部世界的存在，而且也生成着人性、文化和社会制度，生成着人类与世界的新关系"①。

其三，从人与自身的关系来看。人与自身之间关系的实质是一种文化关系，因为"文化是人的有意识的生命的符号化表现。通过对各种文化符号的解读，我们所领会的是人的生命的情感、意志、认知、信念、希望、追求、各种肉体与精神的特点与需要，乃至于人的全部生命意蕴"②。作为一种文化的存在，尽管我们一方面"为文化所创造"，但是另一方面我们也是"文化的创造者"。③ 而人"作为一种文化的创造物，是社会的；作为文化的创造者，却是个体的"④。正是这种人在文化实践中所表现出来的个体性和文化创造性体现了人在身心关系中的主体性特征。

马克思认为，人的对象性的实践活动是"自由的有意识的"⑤。这种自由自觉的活动确证了作为主体的人的内在价值。人在实践中不断地追求自身的主体性，从而实现自己作为人的价值与尊严。

从上文我们不难得出结论，是人的物质生产实践和道德文化实践而不是所谓的先验的"自我意识"决定了人的主体性的生成。这样，主体形而上学那种主体的抽象性在马克思主义的实践哲学中得到了克服。

二 实践哲学中的人的社会性

人的社会性、历史性特征是人之所以为人的一个基本规定性，

---

① 韩震：《生成的存在：人类实践本体论》，《江海学刊》2002年第4期。
② 张曙光：《生存哲学：走向本真的存在》，云南人民出版社2001年版，第323页。
③ 参见［德］兰德曼《哲学人类学》，阎嘉译，贵州出版集团、贵州人民出版社2006年版，第206页。
④ ［德］兰德曼：《哲学人类学》，阎嘉译，贵州出版集团、贵州人民出版社2006年版，第209页。
⑤ 马克思、恩格斯：《马克思恩格斯选集》（第1卷），人民出版社1995年版，第46页。

"所谓人的社会性,是指所有的人都处于一定的社会关系中,离开了社会也就无所谓人的存在"①。社会性品质的拥有意味着人是一种整体的存在、文化的存在以及德性的存在。因为,"人的社会性包括人们之间的相互依存性、交往性、道德性和劳动中的合作关系"②。对人的社会性的肯认,是马克思主义实践哲学的一个基本理论旨趣。

(一) 客体形而上学中的社会性思想

社会性思想是亚里士多德主义的客体形而上学的基本理论支点。作为德性伦理的首要原则,社会性思想的核心内容是:把实体化的至善、共同体作为绝对的本体,强调共同体的历史、传统、文化与价值信念是道德实践之普遍法则的内在根据。

实际上,人类思想中的社会性传统和人类自身的历史一样古老。在古代世界,由于生产力水平以及人类的认识能力、实践能力低下,"个人在人格和身份上没有独立性,通过血缘、地缘、姻缘的纽带,人们在生活中相互依赖,在人身上相互依附,在情感上相互依恋,在趣味上相互投合,组成了一个个家庭式的温暖的社会共同体"③。与这种社会历史现实以及人的生存状态相对应的是,在古代人看来,生活世界、社会事件以及宇宙的变化,"都有特定的、在体系上统一的'意向'","这种意向总是包含着'世界'作为一个宇宙秩序的重要宗教构想,要求这个宇宙必须是一个在某种程度上安排得'有意义的'整体,它的各种现象要用这个要求来衡量和评价"④。在古代人看来,正是这种整体——共同体——的存在织就了人的生命意义的链条,"每个人的生活只要与这种神圣的秩序联系起来,就可以获得其

---

① 曹典顺:《个人与社会分离的哲学旨趣》,《学海》2006年第5期。
② 韩震:《生成的存在:关于人和社会的哲学思考》,北京师范大学出版社1996年版,第57页。
③ 邹吉忠:《自由与秩序:制度价值研究》,北京师范大学出版社2003年版,第212页。
④ [德] 韦伯:《经济与社会》(上卷),林荣远译,商务印书馆1997年版,第507—508页。

目的和意义，个体生命也可在这种有意义的体系里获得安顿之地"①。

以这种观点为基础，亚里士多德把人性和社会生活联系起来，提出"人天生是政治动物"的命题。在亚里士多德看来，城邦是一种最高的存在，人如果脱离了城邦，就不能称为人，他不是一个禽兽，就是一个神灵。人从来没有也完全不可能以孤立的个人形式存在，只有在城邦和国家之中，人才能满足自己的各种需要，充分体现自己的本性。而国家的目的就在于使人成为一个能够体现美德精神的、良好的公民，从而能够过上有德性、美好的生活。

到了现代社会，针对主体形而上学从先验主体的概念出发所造成的现代性危机，社群主义继承了亚里士多德目的论传统的社会性思想，猛烈地批判自由主义之哲学基础的抽象性和空洞性。无论是麦金太尔的"叙事的"自我、泰勒的"强评价的"自我，还是桑德尔的"构成性的"自我，无一例外地都强调人是社会性的存在，是共同体的历史、传统与文化的产物。

不难看出，人的社会性原则是从亚里士多德到现代社群主义的客体形而上学之一脉相承的思想传统。显然，社群主义捕捉到了自由主义的阿喀琉斯之踵，并以人的社会性对抗自由主义的抽象主体性。因此，应当看到，"社群主义强调社群对于自我与个人的优先性，无疑具有很大的真理性，因为任何自我确实是社会历史地形成的"②。

然而，现代德性伦理却步入了另一个极端。在社群主义的理论架构中，共同体的历史传统被绝对化、本体化，成为人之外的神圣的、至高无上的东西，个人则沦为共同体、整体实现其目的的工具。概言之，社群主义"若一味地强调社群对个人的优先性，就极可能抹杀个性，忽视个人的主观能动作用。因为在个人与社会的关系的链条上，经常的情况是，两者相互影响，互为作用。一方面，个人的自我是在

---

① 贺来：《论马克思实践哲学的政治意蕴》，《哲学研究》2007年第1期。
② 俞可平：《社群主义》，中国社会科学出版社2005年版，第160—161页。

这种交互作用中形成;另一方面社会生活也是在这种交互作用中发生的"①。这样,客体形而上学的社会性思想流产了。正如韩震先生所言,虽然"社群主义者试图用社群利益加强日益冷漠的公民相互关系。不过,由于社群主义形而上学地对待社群价值和历史传统,抽象地谈社群利益和共同的善,对社群和传统采取毫无批判的态度,因而缺少衡量社群本身价值的前瞻性标准"②。

(二) 实践哲学中的人的社会性

与客体形而上学的目的论立场不同的是,马克思主义对人的社会性的论证是建立在实践哲学的基础上的。

在马克思主义的实践哲学看来,社会、历史是人的对象性活动的过程及其结果,而不是与人的实践无关的抽象的、绝对的外在实体。按照马克思、恩格斯的观点,"**历史什么事情**也没有做,它'并不拥有**任何无穷尽的丰富性**',它并'没有**在任何**战斗**中作战**'!创造这一切、拥有这一切并为这一切而斗争的,不是'历史',而正是人,现实的、活生生的人。'历史'并不是把人当做**达到**目的的工具来利用的某种特殊的人格。历史**不过是**追求着自己目的的人的活动而已"③。可以看出,社会、历史以及人的社会性是在物质生产实践和道德文化实践中形成和发展的。

马克思认为,实践是人的一种对象性的活动。而作为对象性的活动,所有的实践都必然是社会关系中的实践,必须以人的社会性为前提。

首先,从人的物质生产实践的角度来看。这种实践体现了人与自然之间的对象性关系,人的社会性构成了人与自然之间发生对象性关系的必要前提。因为,在生产中,人们"只有以一定的方式共同活动

---

① 俞可平:《社群主义》,中国社会科学出版社 2005 年版,第 161 页。
② 韩震:《后自由主义的一种话语》,载刘军宁等《自由与社群》,生活·读书·新知三联书店 1998 年版,第 20 页。
③ 马克思、恩格斯:《马克思恩格斯全集》(第 2 卷),人民出版社 1957 年版,第 118—119 页。

和互相交换其活动,才能进行生产。为了进行生产,人们相互之间便发生一定的联系和关系;只有在这些社会联系和社会关系的范围内,才会有他们对自然界的影响,才会有生产"①。这样,人类的物质生产实践就不仅仅表现为人与自然之间的物质交换关系,还表现为人与人之间的交往关系。马克思这样写道:"自然界的**人**的本质只有对**社会**的人来说才是存在的;因为只有在社会中,自然界对人来说才是**人与人联系的纽带**,才是他为别人的存在和别人为他的存在,只有在社会中,自然界才是人自己的**人的**存在的**基础**,才是人的现实的生活要素。只有在社会中,人的**自然**的存在对他说来才是自己的**人的**存在,并且自然界对他来说才成为人。因此,**社会**是人同自然界的完成了的本质的统一,是自然界的真正复活,是人的实现了的自然主义和自然界的实现了的人道主义。"②

其次,从道德文化实践的角度来看。这种以物质生产实践为基础的人类的实践形式体现了人与他者、人与自身之间的对象性关系。人的社会性也构成了人与他者以及人与自身之间发生对象性关系的必要前提。对于前者来说,人只有作为一个道德的存在者才能形成与他者之间的一定的人伦关系。对于后者来说,人只有作为一个文化的存在者才能形成一种自我确认的身心关系。因为,"任何一个个体都是在特定社会之中逐渐生成的——这里的关键在于,必须充分重视个体通过学习和生活而将其文化传统、社会习俗和行为规范'内化'在自己的内心之中的过程。从这种意义上说,任何一种作为社会因素而存在的、特定的文化传统、社会习俗和行为规范,对于个体来说都是'先在'的、决定性的、需要通过社会实践过程加以学习和'内化'的"③。

可以看出,马克思主义从实践的观点出发批判地继承了亚里士多

---

① 马克思、恩格斯:《马克思恩格斯选集》(第1卷),人民出版社1995年版,第344页。
② 马克思:《1844年经济学哲学手稿》,人民出版社2000年版,第83页。
③ 霍桂桓:《论实践的主体超越性》,《哲学研究》2005年第1期。

德主义的人的社会性思想。在马克思看来，人不是抽象的存在，而是现实的、从事对象性的实践活动的个人，"我们开始要谈的前提不是任意提出的，不是教条，而是一些只有在想象中才能撇开的现实前提。这是一些现实的个人，是他们的活动和他们的物质生活条件，包括他们已有的和由他们自己的活动创造出来的物质生活条件"[1]。作为现实的存在，人不可能孤立地存在，"不是处在某种虚幻的离群索居和固定不变状态中的人，而是处在现实的、可以通过经验观察到的、在一定条件下进行的发展过程中的人"[2]。质言之，人与自然、社会乃至自身之间必然会发生着各种各样的联系，"以一定的方式进行生产活动的一定的个人，发生一定的社会关系和政治关系"[3]。

最后，马克思得出结论："人不是抽象地蛰居于世界之外的存在物。人就是**人的世界**，就是国家，社会"[4]；"人的本质不是单个人所固有的抽象物，在其现实性上，它是一切社会关系的总和"[5]。并且，人的生活世界和社会关系处于一种动态的变化过程中。这样，客体形而上学那种绝对的、实体化的本体在马克思主义的实践哲学中被彻底消解。

三 人的主体性与社会性的统一

历史地看，个体与整体、人的主体性与社会性之间的关系构成了社会理论的核心问题。也就是说，"要想弄清人性、人的存在、人的本质、人的需要和人的活动的现实内容，就必须研究人与社会的关系问题，因为任何个人的本性、情感、欲望和行为都是与特定的社会存在相联系而生成和展现的。同样地，如果想理解社会的性质、结构和

---

[1] 马克思、恩格斯：《马克思恩格斯选集》（第1卷），人民出版社1995年版，第66—67页。
[2] 同上书，第73页。
[3] 同上书，第71页。
[4] 同上书，第1页。
[5] 同上书，第56页。

第五章　权利与德性的统一：基于马克思主义实践哲学的正义生成 / 145

发展过程，也必须研究人与社会的关系问题，因为任何社会制度、社会关系和社会力量都是人本身活动的产物和表现"①。从古代社会到现代社会，无论是主体形而上学还是客体形而上学，尽管都以自己的方式力图实现个体与整体、人的主体性与社会性之间的统一，但却都以失败而告终。

现代主体形而上学以先验的自我作为理论的基础。结果是，一方面，人是抽象的存在；另一方面，社会、整体则成了一种工具性的存在。正如黑格尔所说，"在市民社会中，每个人都以自身为目的，其他一切在他看来都是虚无。但是，如果他不同别人发生关系，他就不能达到他的全部目的，因此，其他人便成为特殊的人达到目的的手段。但是特殊目的通过同他人的关系就取得了普遍性的形式，并且在满足他人福利的同时，满足自己"②。显然，主体形而上学的个人与社会之间是一种抽象的同一关系。

相反，客体形而上学以本体化的共同体为其理论的基础。结果是，一方面，整体是绝对化的存在；另一方面，人则成了一种工具性的存在。可以看出，"社群主义以社会本原取代了自由主义的个人本原，这对批判个人主义确实起了一定的作用，但它并未完全正确地把握个人与社会、自我与传统的真实关系。它与自由主义同样片面地看待了这种联系，区别只在于二者抓住了不同的方面正像不能说个人才是完全自足、完全独立的一样，也不能把社会传统看成是脱离了个人而存在的抽象整体"③。这样，客体形而上学与主体形而上学殊途同归，个人与社会之间也是一种抽象的同一关系。

在这种背景下，如何克服个体与整体、人的主体性与社会性之间

---

① 韩震：《生成的存在：关于人和社会的哲学思考》，北京师范大学出版社1996年版，第1页。
② [德] 黑格尔：《法哲学原理》，范扬、张企泰译，商务印书馆1961年版，第197页。
③ 韩震：《后自由主义的一种话语》，载刘军宁等《自由与社群》，生活·读书·新知三联书店1998年版，第19页。

的分裂，便成为近现代哲学的一个重大理论课题。马克思躬逢其时，他"清醒地看到了现代性语境中个人主体性与社会共同体分裂的事实，并以一种批判的眼光来理解这一事实，以一种现实的方式来实现这一分裂的和解，这正构成了马克思实践哲学的核心主题"①。

马克思通过对本质主义和实体形而上学思维方式的批判，摒弃了各种抽象的形而上学预设，从而得以立足于现实的个人和具体的感性世界。按照马克思的观点，人的本质不是先验的自我意识，也不是抽象的社会性。人的本质是实践以及在实践中所表现出来的主体性和社会性的辩证统一。如前文所述，作为人的对象性的活动，实践一方面赋予了人以主体性的品质，人的活动是"自由自觉的"；另一方面赋予了人以社会性的特征，人是"社会关系的总和"。可以看出，马克思主义"所超越的只是那种抽象的理性主体观，而且这种超越也并没有否定主体的能动作用；另一方面，马克思强调人的社会性和历史性，也没有将个人的主体性淹没在社会和历史之中，而是着眼于人的主体性在现实的历史过程中的最终实现，它服从于马克思关于人的解放和自由全面发展这一永恒主题"②。显然，从这种实践哲学出发，能够实现个体与整体、人的主体性与社会性之间的真正统一。

总而言之，我们看到，正是以实践的观点为基础，在马克思主义哲学中，个人与社会之间形成了相互依赖、互为本质的关系。一方面，没有个人，就无所谓社会的存在；另一方面，没有社会，个人也不可能得以生存和发展。马克思这样写道："人是最名副其实的政治动物，不仅是一种合群的动物，而且是只有在社会中才能独立的动物"③，"只有在共同体中、个人才能获得全面发展其才能的手段，也就是说，只有在共同体中才可能有个人自由"④。也就是说，马克思

---

① 贺来：《论马克思实践哲学的政治意蕴》，《哲学研究》2007年第1期。
② 贾英健：《马克思现代性批判的理论旨趣及其变革实质》，《哲学研究》2005年第9期。
③ 马克思、恩格斯：《马克思恩格斯选集》（第2卷），人民出版社1995年版，第2页。
④ 马克思、恩格斯：《马克思恩格斯选集》（第1卷），人民出版社1995年版，第119页。

主义实践哲学为个人与社会、人的主体性与社会性之间的统一并进而为人的权利与德性之间的统一奠定了基础。

第三节 生成的正义

综上所述，不难得出结论，正义的实现应该是一个实践中的生成过程。在马克思主义实践哲学的视野中，无论是从人的自我实现的角度来看，还是从社会整合的角度来看，这种在实践中生成的正义都体现为一种权利与德性的辩证统一。

一 自我实现的正义

如第一章所述，正义的核心价值是人的自我实现。

在理性主义正义观（同为理性正义观，亚里士多德主义的德性正义观和康德主义的权利正义观在此处表现出了惊人的一致）看来，一个能够实现自我价值的人必定是一个理性的人。质言之，人是理性的存在者，理性是人之为人的本质。正如加达默尔所说："亚里士多德为人的本质下了一个经典性的定义，根据这个定义，人就是具有逻辑的生物。在西方文化传统中，这个定义成为一种规范的定义。它表明，人是具有理性的动物，作为有理性的生物，人由于能够思维而同一切其他动物相区别。"[①] 按照理性主义正义观的看法，人的理性包括科学理性和价值理性，[②] 其中，价值理性高于科学理性。当理性主义者说人是理性的存在者的时候，他们所强调的其实是人的价值理性。也就是说，是人的价值理性赋予了人之所以为人的规定性特征，赋予了人之生存的价值与意义。

[①] ［德］加达默尔：《哲学解释学》，夏镇平、宋建平译，上海译文出版社1994年版，第59页。

[②] 与康德的理性观相同的是，亚里士多德的理性也包括理论理性（科学理性）和实践理性（价值理性）。参见张汝伦《历史与实践》，上海人民出版社1995年版，第276—278页。

然而，在关于什么是人的价值理性这一问题上，亚里士多德主义的德性正义观和康德主义权利正义观开始分道扬镳。前者认为，人的价值理性是一种目的论的整体理性，即人在对作为整体的共同体之目的的体悟和切近以及在此过程中获得德性品质的能力。换言之，"在'目的论世界'中，人作为唯一具有理性的存在者，其理性能力就体现在他能够认识、体悟这一目的论的宇宙秩序，并在此秩序中发现自己存在的目的和应扮演的角色。通过自己的实践来自觉地扮演好这种角色，实现这种目的和本质，这就是人之为人的道德价值之所在"[①]。而后者则认为，人的价值理性是一种个体理性，即个体的自我立法的能力。康德写道："唯有立法自身才具有尊严，具有无条件、不可比拟的价值，只有它才配得上有理性东西在称颂它时所用的尊重这个词。所以自律性就是人和任何理性本性的尊严的根据。"[②] 质言之，如果说亚里士多德主义德性伦理把价值理性视作获得德性品质的能力的话，康德主义权利伦理则把价值理性视作获得自由权利的能力。

诚然，德性正义观强调整体的价值、强调人的德性，这确实是人的生存意义的一个重要维度。然而，德性正义观把绝对的整体本体化，价值理性的个体、权利维度遭到遮蔽，这样，共同体的历史、传统、文化成为一种个人所无法反思、不能选择的异在，导致了个人的被奴役状态。以这种正义伦理为基础，自我实现显然是不可能的；而与之相反，权利正义观强调个体的价值，强调人的自我占有、自我选择的权利，这显然也是人的生存意义的一个重要维度。然而，权利正义观把先验的个体本体化，价值理性的整体、德性维度则被抽空，个人成了一种没有历史、文化内涵的"无负担的自我"。即使这种个人

[①] 贺来：《价值个体主义与道德合理性基础的重构》，《吉林大学社会科学学报》2005年第2期。

[②] [德]康德：《道德形而上学原理》，苗力田译，上海世纪出版集团、上海人民出版社2002年版，第55页。

有所谓的选择能力,①他又能够选择什么？他所选择的极可能是一种物欲的、底线的存在。而按照权利正义观,在不伤害他人权利的前提下,个体纵然是选择了一种动物般的、非道德的存在也体现了人的自主的力量,体现了人之为人的价值。显然,这种自我实现观是有问题的。概而言之,"在传统社会,人们最看重的价值是个人的德性而非自由,因为人虽然也有个人意志被干涉和强制的苦恼,但最害怕的却是脱离群体。但在现代社会,个人自由在越来越充分地实现的情况下,他们的关系却冷淡了疏远了,整体感消失并因此而无聊甚至反社会,人的生活的意义问题发生了危机"②。

无疑,人的价值理性以及自我价值的实现应该是个体理性与整体理性、权利和德性之间的统一。然而,理性主义正义观的先验的形而上学预设（亚里士多德的共同体和康德的自我）造成了人的价值理性的两个维度的分裂。如果说德性正义观实质上否定了人的权利在自我实现过程中的作用的话,那么权利正义观则忽视了人的趋向于整体的德性在自我实现过程中的意义。

在马克思主义实践哲学看来,人的价值的根据和源泉应该在于现实的人本身而不是在于某种先验的绝对本体。人对自我形象的领会,人的自我价值的实现,是在对象性的实践活动中实现的。因此,与理性主义把人视作一种抽象的理性存在不同,马克思认为,人是一种实践的存在,实践是人的类本质。正是人的实践本质使之和动物区分开来,体现了人之为人的本质力量。马克思写道:"我们看到,**工业的历史和工业的已经生成的对象性存在,是一本打开了的关于人的本质力量的书,是感性地摆在我们面前的人的心理学。**"③

按照马克思的观点,理性（包括科学理性和价值理性）根源于人

---

① 在桑德尔看来,"无负荷的自我"是没有选择能力的。参见［美］桑德尔《自由主义与正义的局限》,万俊人等译,译林出版社2001年版,第186—199页。
② 张曙光、戴茂堂:《价值的存在论研究》,《北京师范大学学报》(社会科学版) 2006年第5期。
③ 马克思:《1844年经济学哲学手稿》,人民出版社2000年版,第88页。

的实践活动。尽管人的实践总是受到一定理性的支配，但是，这种支配实践的理性正是在人类的历史实践中生成和积淀的，而不是某种超历史的、神秘的存在。同时，马克思的实践是一个总体性的概念，包括物质生产实践和道德文化实践，是一种人使自身成为可能的存在方式。显然，从这种实践观点出发，不仅能够实现科学理性和价值理性的统一，而且能够实现价值理性中个体（权利）维度和整体（德性）维度的统一。简言之，人的自我实现是一种实践中的生成，是个体价值（权利）与整体价值（德性）的统一。

马克思立足于人的生存实践，对人的存在和发展的三种形态作出了经典的阐述。其一，"人的依赖关系（起初完全是自然发生的），是最初的社会形态，在这种形态下，人的生产能力只是在狭窄的范围内和孤立地点上发展着"①。这一阶段是以自然经济为基础的前现代社会。由于生产力不发达，人对自然征服的能力有限，个人为了谋求生存不得不依赖集体的力量从而面对自然。在这一群体本位阶段，个人不是真正的主体，而是共同体的附属物，个人必须绝对地服从社会整体的利益。个人不仅只能从共同体中获得自己的力量，并且只有在归属于共同体的意义上才能成其为人。这是人的存在的"德性"形态。

其二，"以**物的**依赖性为基础的人的独立性，是第二大形态，在这种形态下，才形成普遍的社会物质交换，全面的关系，多方面的需求以及全面的能力的体系"②。这一阶段是以市场经济为基础的现代社会。由于生产力的发达以及人类的认识能力和实践能力的增强，人能够摆脱对自然共同体的人身依附关系，从而获得独立地位，成为自由的主体，但是这种独立性建立在对物的依赖性基础上。这是人的存在的"权利"形态。

---

① 马克思、恩格斯：《马克思恩格斯全集》（第46卷上），人民出版社1979年版，第104页。

② 同上书，第104页。

其三,"建立在个人全面发展和他们共同的社会生产能力成为他们的社会财富这一基础上的自由个性,是第三个阶段"①。这一阶段是未来的共产主义社会,人的存在属于一种"自由个性"形态。在共产主义社会,人不是超越于个体之上的共同体的附属物,也不是原子式的孤立个体,而是由独立的个体所相互结合而形成的"自由人的联合体"。按照马克思的观点,这种联合体与德性伦理的共同体不同。前者以个体的独立为前提条件,而在后者看来,个体依附于共同体,没有独立性;同时,这种联合体中的个体与权利伦理的个体也大相径庭。在联合体中,彼此独立的个体之间处于一种相互联系的一体性关系之中,而在权利伦理的视野中,个体之间则是相互分裂的。可以看出,在人的自由个性阶段,一方面,"每一个人的自由发展是一切人的自由发展的条件"②;另一方面,"只有在共同体中,个人才能获得全面发展其才能的手段,也就是说,只有在共同体中才可能有个人自由"③。这样,正如马克思所说,"**人的本质是人的真正的社会联系**,所以人在积极实现自己**本质**的过程中**创造**、生产人的**社会联系**、社会本质,而社会本质不是一种同单个人相对立的抽象的一般的力量,而是每一个单个人的本质,是他自己的活动,他自己的生活,他自己的享受,他自己的财富"④;"人是一个**特殊的**个体,并且正是他的特殊性使他成为一个个体,成为一个现实的、**单个的**社会存在物,同样,他也是**总体**,观念的总体,被思考和被感知的社会的自为的主体存在,正如他在现实中既作为对社会存在的直观和现实享受而存在,又作为人的生命表现的总体而存在一样"⑤。

---

① 马克思、恩格斯:《马克思恩格斯全集》(第46卷上),人民出版社1979年版,第104页。
② 马克思、恩格斯:《马克思恩格斯选集》(第1卷),人民出版社1995年版,第294页。
③ 同上书,第119页。
④ 马克思、恩格斯:《马克思恩格斯全集》(第42卷),人民出版社1979年版,第24页。
⑤ 马克思:《1844年经济学哲学手稿》,人民出版社2000年版,第84页。

总的来说，在共产主义社会，个人与整体、人的个体性与社会性实现了辩证的统一。质言之，"这种共产主义，作为完成了的自然主义，等于人道主义，而作为完成了的人道主义，等于自然主义，它是人和自然界之间、人和人之间的矛盾的**真正**解决，是存在和本质、对象化和自我确证、自由和必然、个体和类之间的斗争的真正解决"①。

从上述内容可以看出，从马克思的实践观点出发，人的自我价值的实现建立在权利与德性统一的基础上。② 并且，人的实践的生成性决定了人本身的生成性和开放性。也就是说，人的自我实现体现在权利（自由）与德性的动态的、保持张力的统一过程中。总而言之，作为一个能够实现自我的人，一方面应该具有"人格价值"，即"人与人应当平等，每个劳动者都有他应有的社会地位和权利，社会应当尊重他的人格尊严"③；另一方面应该具有"人生价值"，即"通过活动对他人、对社会的贡献"④。只有这样，人的本质才能够真正地获得实现。

二 社会整合的正义

如前备述，社会秩序的整合是正义的功能性目标。

在康德主义的权利正义观看来，社会秩序的整合以人的权利为归依，是具有平等权利的个体之间达成的契约、规则的结果。与此不同

---

① 马克思、恩格斯：《马克思恩格斯全集》（第42卷），人民出版社1979年版，第120页。

② 在马克思看来，所谓权利是通过公共权力的强制力对人与人之间的利害冲突进行调节的一种历史产物。因而在消灭了一切私人占有的社会中，权利将随着公共权力的消亡而退出历史舞台。以权利为代表的一切有阶级社会的强制性的自由关系都将被人与人之间平等和谐的自由关系所代替。马克思主义认为权利的消亡是一个漫长而复杂的历史过程，在资本主义与共产主义之间尚存在一个需要权利的过渡性社会形态，这就是社会主义社会。由于社会主义社会尚不能以完全平等的形式为每个个体的自由发展提供充分的物质与文化条件，因此，这一阶段仍然需要以规定权利与义务的方式来规范个体之间的利益关系。

③ 袁贵仁：《价值观的理论与实践：价值观若干问题的思考》，北京师范大学出版社2006年版，第34页。

④ 同上书，第32页。

的是，亚里士多德主义的德性正义观认为，社会秩序的整合是建立在具有德性的个体对共同体的内在认同的基础之上。也就是说，权利本位的社会秩序之保障是一种外部的规则，而德性本位的社会秩序之基础则是人的内在品质。

毫无疑问，以个人权利为核心的规则是社会整合的不可或缺的工具。没有一个作为底线伦理的规则，良好的社会秩序的形成只能是一种幻想。然而，在权利伦理的规则主义框架下，人的消极自由诉求使得公共领域不断萎缩，现代个人沦为没有公共德性的、不关心社会事务的消极公民。在这种背景下，现代社会的政治合法性遭遇了空前的危机；同样，以共同体的历史、传统、文化为旨归的人的德性也是社会整合的重要资源，公民的德性品质是建构良序社会的必要条件。然而，德性伦理或者把人的德性视作社会整合的唯一路径，犯了道德中心主义的错误，或者否认普遍道德规则的存在，又犯了道德相对主义的错误。

可以看出，权利伦理否定了德性在社会整合中的作用。在权利伦理看来，"道德活动中最重要的问题乃是遵守原则，而道德哲学的首要任务乃是建立道德原则。一个人只要不违反道德原则他就尽了一个人作为道德存在的本分；而一个道德哲学只要能够建立一组道德规则，它也就完成了它的任务。至于个人的道德修养以及德性的培养，则最后只被缩减到一种性向，这种性向就是对道德原则的服从。它与美满的人生可以是完全没有关系的"[①]。而德性伦理则忽视了规则（权利）在社会整合中的作用。因此，无论是权利伦理的抽象规则还是德性伦理的绝对德性，都无法建构一种具有良好秩序的社会。社会秩序的整合应该以规则（权利）和德性的统一为基础。

按照马克思主义的观点，社会秩序则是在人的实践活动中生成的。换言之，"无论人性、习俗、文化、法律、技术、制度，都不是

[①] 石元康：《从中国文化到现代性：典范转移？》，生活·读书·新知三联书店2000年版，第108页。

静止不变的抽象存在,而是动态的、演化的和历史性的存在。人类本性和社会存在,只有作为人类共同的实践活动的结果,作为历史性生成的过程,才是可能的"①。

马克思认为,为了满足人类自身生存和发展的需要,人们必须首先进行物质资料的生产。作为物质生产活动的主体,人们并非孤立地劳动,而是彼此之间相互合作,否则,物质生产活动将难以有效地进行。可以看出,生产和交往是人类实践活动中相互依赖的两个部分。一方面,生产是交往的基础,没有生产就没有交往;另一方面,交往作为生产的社会形式和必要条件,没有交往也就没有生产。马克思、恩格斯这样写道:"生产本身又是以个人彼此之间的**交往**为前提的。这种交往的形式又是由生产决定的"②,"人们从一开始,从他们存在的时候起,就是彼此需要的,只是由于这一点,他们才能发展自己的需要和能力等等,他们发生了交往"③。

正是以物质生产实践为基础,人们之间才能开始相互交往,并进一步构成一定的社会关系,形成一定的社会秩序。

在马克思主义看来,人们在物质生产的基础上,产生了物质交往,并进一步产生了精神生产和精神交往。其中,物质生产、物质交往决定着精神生产和精神交往。马克思、恩格斯指出,"思想、观念、意识的生产最初是直接与人们的物质活动,与人们的物质交往,与现实生活的语言交织在一起的。人们的想像、思维、精神交往在这里还是人们物质行动的直接产物。表现在某一民族的政治、法律、道德、宗教、形而上学等的语言中的精神生产也是这样"④。

在这里,我们可以看到,马克思、恩格斯强调了语言在一切交往

---

① 韩震:《生成的存在:人类实践本体论》,《江海学刊》2002年第4期。
② 马克思、恩格斯:《马克思恩格斯选集》(第1卷),人民出版社1995年版,第68页。
③ 马克思、恩格斯:《马克思恩格斯全集》(第42卷),人民出版社1979年版,第360页。
④ 马克思、恩格斯:《马克思恩格斯选集》(第1卷),人民出版社1995年版,第72页。

活动中的媒介作用。按照他们的看法，物质交往体现在"现实生活的语言"中，而精神交往则体现在"政治、法律、道德、宗教、形而上学等的语言"中。显然，这种以实践为基础的语言符号交往的核心是通过对话的方式达到相互之间的理解和共识，并且在此基础上协调彼此的行为，建构一种能够为对话各方所共同遵守的社会秩序。

如果说在以麦金太尔为代表的现代社群主义那里，社会秩序的整合、道德原则的推演完全是由共同体的历史、传统、文化所决定的，而社会成员之间的对话没有任何必要的话，那么，在以罗尔斯为代表的现代自由主义那里，铸造社会秩序的"重叠共识"（overlapping consensus）的形成则是一场处于"无知之幕"（veil of ignorance）背后的社会成员之间的虚假对话。这样，我们知道，对于前者来说，社会整合的关键是共同体的传统和社会成员的德性；而对于后者来说，社会整合的核心是个人的权利和社会的规则。

而在马克思主义实践哲学的视野中，以交往实践为基础的社会秩序之整合则克服了上述两种正义伦理的片面性，体现了规则（权利）与德性之间的统一。① 一方面，与麦金太尔对规则的轻视不同，交往实践强调必须要遵循一定的规则，否则交往活动无从开展。并且，这种规则系统并不是先天赋予的，它恰恰是交往实践的产物。也就是说，交往实践离不开规则，它在受到规则系统制约的同时又创造着规则系统。另一方面，与罗尔斯用"无知之幕"屏蔽了对话者的具体情境不同，在交往实践中，交往各方都是从自己的真实处境出发。换言之，参与交往者是共同体的成员，是具有趋向于整体的德性品质的人，这种个人能够内在地认同通过交往实践所形成的社会秩序。简言

---

① 马克思的交往理论是一种从人的对象性的实践活动出发的交往实践观。它所理解的交往实践是主体间感性、客观的物质活动。尽管哈贝马斯的交往理论意味着理性从主体中心理性向交往理性的转移，是对近代意识哲学的一种重大的超越。但是，哈贝马斯只看到人类交往借助于语言符号进行，而没有揭示符号交往与物质交往之间的关系，把主体间的交往行为仅仅理解为一种主观性的精神交往活动，这是一种新的唯心主义的交往哲学。从这种交往哲学出发，显然是有问题的。

之，按照马克思主义的实践哲学，"话语背景的交互主体共享，根源于社会世界的规范性，即一定的社会世界的规则使我们可以把一定类型的行为称为合法的行为，而把不合规范的行为及不可理解的话语排除在外。同时，文化传统作为内在因素的社会世界，本身既是交互主体行动的背景，同时又是交互活动所生成"①。这就是说，基于实践观点的社会整合兼具规则伦理与德性伦理的优点，是规则与德性的动态统一的产物。不难看出，由此所形成的社会秩序无疑具有生成性、开放性的特点。

---

① 龚群：《从主体哲学到交互主体哲学——后形而上学的哲学方法论问题》，《社会科学战线》2002 年第 2 期。

结　　语

综观全书，我们知道，正义乃是一种以人的自我价值实现为核心的社会整合方式。如果说社会秩序的整合构成了正义的工具价值，那么，人的自我实现则构成了正义的核心价值。

如何才能实现正义？换言之，如何才能实现上述两种正义价值？答案是，只有立足于马克思主义实践哲学的视野，从一种生活实践的观点出发，在权利与德性的动态统一中才能实现正义的基本诉求。

毋庸讳言，对于正在经历着从传统到现代、从农业到工业、从计划到市场之深刻转型的中国社会而言，关于正义问题的探讨无疑具有极为现实而深远的意义。当今中国，市场经济的结构性转变、民主政治的体制性改革，以及体现在道德、信仰、文化等各个方面的多元价值之差异与紧张，无不关乎个人伦理生活以及社会基本结构与制度安排的正义。

首先，从个人的角度来看。中华人民共和国成立以后尤其是改革开放以来，现代化、工业化、城镇化的进程逐步打破了传统的社会结构。也就是说，随着政治、经济以及社会的向前发展，公民的自我意识开始逐步复苏，权利观念有了长足的进步。尤其是在2004年3月，十届全国人大二次会议通过的宪法修正案明确规定了"国家尊重和保障人权"。显然，人权入宪，在中国人权建设史上具有里程碑式的意义。但是，我们同时应当看到，权利观念产生于特定的社会关系之中，受到社会的历史、传统、价值文化乃至社会发展水平的制约。一方面，由于我国的封建历史源远流长，专制思想荼毒很深，并且我们现在还处于社会主义初级阶段，人权建设又起步较晚，因此，公民权利观念的提高及其保障依然任重而道远；另一方面，在转向社会主义市场经济的过程中，经济成分、经济结构的多样化造就了人们的生活方式、价值观念的多元特征，无疑，价值的多元化是一种历史的进步，但在旧的价值体系日渐式微而新的价值体系尚未形成的背景下，加之市场经济所固有的功利主义倾向，人们的信仰开始出现危机，对物质利益的追求成为生活的主要方面，从而进一步引发了道德的衰退与滑坡。

其次，从社会的角度来看。一方面，社会主义法治建设成果卓著。党的十九大报告指出，十八大以来的五年，我国"民主法治建设迈出重大步伐。……科学立法、严格执法、公正司法、全民守法深入推进，法治国家、法治政府、法治社会建设相互促进，中国特色社会主义法治体系日益完善，全社会法治观念明显增强"①。另一方面，由于封建意识影响极为深远，人治传统根深蒂固，因此，在经济发展、社会进步、人民生活水平总体提高的同时，权力寻租难以遏制，腐败盛行，贫富差距急剧拉大，这些不和谐因素也造成了一定程度的社会动荡。

可以看出，上述这些问题在一定程度上表现为正义问题。面对这样的时代课题，党的十八大提出了"全面建成小康社会"的奋斗目标。随着党的十九大的召开，"全面建成小康社会"进入决胜时期。习近平同志在党的十九大报告中指出："我国稳定解决了十几亿人的温饱问题，总体上实现小康，不久将全面建成小康社会，人民美好生活需要日益广泛，不仅对物质文化生活提出了更高要求，而且在民主、法治、公平、正义、安全、环境等方面的要求日益增长。"②

在这里，我们不难发现，"全面建成小康社会"的战略目标具有强烈的正义意蕴。一方面，全面小康社会战略涉及社会秩序的良性整

---

① 习近平：《决胜全面建成小康社会夺取新时代中国特色社会主义伟大胜利——在中国共产党第十九次全国代表大会上的报告》，《人民日报》2017年10月28日第1版。

② 习近平：《决胜全面建成小康社会夺取新时代中国特色社会主义伟大胜利——在中国共产党第十九次全国代表大会上的报告》，《人民日报》2017年10月28日第2版。

合。习近平同志在比利时布鲁日欧洲学院发表演讲时指出，改革开放以后，"我们从中国国情和时代要求出发，探索和开拓国家发展道路，形成了中国特色社会主义，提出要建设社会主义市场经济、民主政治、先进文化、和谐社会、生态文明，维护社会公平正义，促进人的全面发展，坚持和平发展，全面建成小康社会"[①]。另一方面，全面小康社会构想也关注着人们的精神文化生活。首先，小康社会是一个全面发展的社会，不仅要有相对发达的物质文明、政治文明，还要有相对繁荣的精神文明。人们的精神文化面貌是判断社会是否真正走向小康的一个重要尺度。党的十七届六中全会审议通过的《中共中央关于深化文化体制改革、推动社会主义文化大发展大繁荣若干重大问题的决定》强调："全面建成惠及十几亿人口的更高水平的小康社会，既要让人民过上殷实富足的物质生活，又要让人民享有健康丰富的文化生活。"[②] 其次，反过来，人们的理想信仰、价值观念、道德信念能够为全面小康社会的建成及守护提供强大的精神动力与凝聚力量。习近平同志指出："一个民族、一个人能不能把握自己，很大程度上取决于道德价值。如果我们的人民不能坚持在我国大地上形成和发展起来的道德价值，而不加区分、盲目地成为西方道德价值的应声虫，那就真正要提出我们的国家和民族会不会失去自己的精神独立性的问题了。如果没有自己的精神独立性，那政治、思想、文化、制度等方面的独立性就会被釜底抽薪。"[③]

这样，小康社会如何全面建成的问题就部分地转化为正义如何可能的问题。换言之，正义问题直接关系到建党100周年时我国的小康社会能否按时、按质全面建成，进而影响到21世纪中叶我国建成富强民主文明和谐的社会主义现代化国家这一宏伟目标以及中华民族伟

[①] 习近平：《在布鲁日欧洲学院的演讲》，《人民日报》2014年4月2日第2版。

[②] 中国共产党第十七届中央委员会：《中共中央关于深化文化体制改革、推动社会主义文化大发展大繁荣若干重大问题的决定》，《人民日报》2011年10月26日第1版。

[③] 中共中央文献研究室：《习近平关于全面深化改革论述摘编》，中央文献出版社2014年版，第88页。

大复兴的中国梦的实现。

那么,如何才能实现这种中国语境中的正义,并进而全面地建成一个小康社会呢?

按照本书的正义逻辑,首先,就个人层面而言,小康社会的全面建成要求人的权利与德性(信仰)的统一。一方面,尽管我国的人权事业已经取得了很大进展,然而,由于在中国历史上,"个人"长期以来一直是失踪者,按照梁漱溟先生的观点,"中国文化最大之偏失,就在个人永不被发现这一点上"[1]。因此,人权的发展显然难以一蹴而就,需要我们做出坚持不懈的努力。毫无疑问,"我们不能忘记马克思在批判资本主义时所体现的批判精神和自由理论。这是因为,我们不但面临着马克思所阐述的社会矛盾,而且还有长期的封建专制遗留的社会矛盾,包括以极'左'面目出现的假马克思主义所激发的社会矛盾。面对复杂的社会矛盾,中国的马克思主义者要发扬辩证法的革命的批判精神,要以人本主义的唯物论的实践观为检验真理的标准,以人的解放和自由为衡量社会进步的尺度,积极投身社会公正和民主政治的伟大实践。只有这样,才能制定出正确的政策,才能把正确的政策落实在社会实践中,才能达到可持续发展与和谐社会的目标"[2]。另一方面,针对信仰危机、道德缺失的现状,必须在马克思主义的指导下,加强包含传统优秀道德在内的社会主义价值观教育。因为,"个体需要通过价值观教育形成自己的价值观并进而自我认同;社会共同体也需要通过价值观教育使其成员将共同体独特的价值观内化,进而通过这种共同的价值观来塑造和凝聚它的成员,使其成员对共同体产生认同"[3]。

---

[1] 梁漱溟:《中国文化要义》,上海世纪出版集团、上海人民出版社2005年版,第221页。

[2] 赵敦华:《论马克思主义哲学的中间原理——批判性自由理论》,《吉林大学社会科学学报》2005年第5期。

[3] 袁贵仁:《价值观的理论与实践:价值观若干问题的思考》,北京师范大学出版社2006年版,序第7—8页。

其次，就社会层面而言，小康社会的全面建成需要法治与德治的统一。也就是说，"法律和道德作为人类社会生活的两种基本规范，在国家的治理中都发挥着特殊的作用。在法律规范和道德规范的价值目标基本一致的前提下，任何一个国家治理的良性状态，都应该以法治与德治的相得益彰、相辅相成、相互结合作为前提条件"[①]。一方面，由于法律规则具有稳定性、明确性、强制性、可操作性等特点，因此，作为社会整合的基本规范，法治在政治治理中应该处于一种基础的地位。另一方面，法治的良好运作需要社会道德资源的内在支持，只有这样，才能更好地发挥其积极的社会规范作用。按照麦金太尔的观点："德性与法律还有另一种非常关键的联系，因为只有那些具有正义德性的人才有可能知道怎样运用法律。"[②] 而道德伦理如果要充分地发挥其在社会整合中的规导作用，也必须以确定的社会法律制度为前提条件。质言之，社会整合的基本理想是，通过社会的道德意识的规范和调节，使得国家的法律、法规、政策能够内化为公民的美德追求和理想信念，进而建立一种秩序良好的全面小康社会。

总而言之，只有实现了正义的两种价值，小康社会的图景才能够"全面地"成为现实。而无疑，这需要付出一定的艰辛努力。

[①] 李德顺、余涌：《法治与"德治"》，《广东社会科学》2003年第2期。
[②] ［美］麦金太尔：《德性之后》，龚群，戴扬毅等译，中国社会科学出版社1995年版，第192页。

参考文献

中文部分

（一）经典著作

马克思、恩格斯：《马克思恩格斯全集》（第2卷），人民出版社1957年版。

马克思、恩格斯：《马克思恩格斯全集》（第3卷），人民出版社1956年版。

马克思、恩格斯：《马克思恩格斯全集》（第19卷），人民出版社1963年版。

马克思、恩格斯：《马克思恩格斯全集》（第23卷），人民出版社1972年版。

马克思、恩格斯：《马克思恩格斯全集》（第42卷），人民出版社1979年版。

马克思、恩格斯：《马克思恩格斯全集》（第46卷上），人民出版社1979年版。

马克思、恩格斯：《马克思恩格斯全集》（第46卷下），人民出版社1980年版。

马克思、恩格斯：《马克思恩格斯选集》（1—4卷），人民出版社1995年版。

（二）中文著作

北京大学哲学系外国哲学史教研室编译：《古希腊罗马哲学》，商务印书馆1961年版。

陈根法：《德性论》，上海人民出版社2004年版。

陈周旺：《正义之善：论乌托邦的政治意义》，天津人民出版社2003年版。

慈继伟：《正义的两面》，生活·读书·新知三联书店2001年版。

丛日云：《在上帝与恺撒之间——基督教二元政治观与近代自由主义》，生活·读书·新知三联书店2003年版。

达巍、王琛、宋念申编译：《消极自由有什么错》，文化艺术出版社2001年版。

邓正来：《国家与市民社会———种社会理论的研究路径》，中央编译出版社2002年版。

范明生：《晚期希腊哲学和基督教神学》，上海人民出版社1993年版。

高国希：《走出伦理困境》，上海社会科学院出版社1996年版。

高全喜：《法律秩序与自由正义：哈耶克的法律与宪政思想》，北京大学出版社2003年版。

龚群：《当代西方道义论和功利主义研究》，中国人民大学出版社2002年版。

韩水法编：《社会正义是如何可能的：政治哲学在中国》，广州出版社2000年版。

韩震：《生成的存在：关于人和社会的哲学思考》，北京师范大学出版社1996年版。

何怀宏：《公平的正义》，山东人民出版社2002年版。

何怀宏：《伦理学是什么》，北京大学出版社2002年版。

胡海波：《正义的追寻：人类发展的理想境界》，东北师范大学出版社1997年版。

胡真圣：《两种正义观：马克思、罗尔斯正义思想比论》，中国社会科学出版社2004年版。

金生鈜：《德性与教化——从苏格拉底到尼采：西方道德教育哲学思

想研究》，湖南大学出版社 2003 年版。

李强：《自由主义》，中国社会科学出版社 1998 年版。

梁漱溟：《中国文化要义》，上海世纪出版集团、上海人民出版社 2005 年版。

梁治平：《寻求自然秩序中的和谐——中国传统法律文化研究》，上海人民出版社 1991 年版。

刘军宁等编：《市场逻辑与国家观念》，生活·读书·新知三联书店 1995 年版。

刘军宁等：《自由与社群》，生活·读书·新知三联书店 1998 年版。

卢风：《启蒙之后：近代以来西方人价值追求得与失》，湖南大学出版社 2003 年版。

钱满素：《爱默生和中国——对个人主义的反思》，生活·读书·新知三联书店 1996 年版。

石元康：《从中国文化到现代性：典范转移？》，生活·读书·新知三联书店 2000 年版。

宋惠昌等：《政治哲学》，中共中央党校出版社 2003 年版。

万俊人：《现代性的伦理话语》，黑龙江人民出版社 2002 年版。

汪子嵩等：《希腊哲学史》（第 2 卷），人民出版社 1993 年版。

王焱主编：《宪政主义与现代国家》，生活·读书·新知三联书店 2003 年版。

吴玉章：《论自由主义权利观》，中国人民公安大学出版社 1997 年版。

夏勇：《人权概念起源：权利的历史哲学》，中国政法大学出版社 2001 年版。

邢建国、汪青松、吴鹏森：《秩序论》，人民出版社 1993 年版。

许纪霖主编：《共和、社群与公民》，江苏人民出版社 2004 年版。

杨耕：《为马克思辩护》，黑龙江人民出版社 2002 年版。

杨国荣：《伦理与存在：道德哲学研究》，上海人民出版社 2002 年版。

姚大志：《现代之后：20世纪晚期西方哲学》，东方出版社2000年版。

应奇：《从自由主义到后自由主义》，生活·读书·新知三联书店2003年版。

应奇、刘训练编：《公民共和主义》，东方出版社2006年版。

余文烈：《分析学派的马克思主义》，重庆出版社1993年版。

余涌：《道德权利研究》，中央编译出版社2001年版。

俞可平：《社群主义》，中国社会科学出版社2005年版。

郁建兴：《自由主义批判与自由理论的重建》，学林出版社2000年版。

袁贵仁：《价值观的理论与实践：价值观若干问题的思考》，北京师范大学出版社2006年版。

袁久红：《正义与历史实践：当代西方自由主义正义理论批判》，东南大学出版社2002年版。

袁祖社：《权力与自由：市民社会的人学考察》，中国社会科学出版社2003年版。

张汝伦：《历史与实践》，上海人民出版社1995年版。

张曙光：《个体生命与现代历史》，山东人民出版社2007年版。

张曙光：《生存哲学：走向本真的存在》，云南人民出版社2001年版。

张文显：《法哲学范畴研究》，中国政法大学出版社2001年版。

赵剑英、俞吾金主编：《马克思的本体论思想》，社会科学文献出版社2006年版。

中共中央文献研究室：《习近平关于全面深化改革论述摘编》，中央文献出版社2014年版。

邹吉忠：《自由与秩序：制度价值研究》，北京师范大学出版社2003年版。

（三）中文译著

［澳大利亚］乔德兰·库卡塔斯、菲利普·佩迪特：《罗尔斯》，姚建

宗、高申春译，黑龙江人民出版社1999年版。

[德] 奥特弗利德·赫费：《政治的正义性：法和国家的批判》，庞学铨、李张林译，上海译文出版社1998年版。

[德] 包尔生：《伦理学体系》，何怀宏、廖申白译，中国社会科学出版社1988年版。

[德] 冈特·绍伊博尔德：《海德格尔分析新时代的科技》，宋祖良译，中国社会科学出版社1993年版。

[德] 哈贝马斯：《包容他者》，曹卫东译，上海人民出版社2002年版。

[德] 哈贝马斯：《后形而上学思想》，曹卫东、付德根译，译林出版社2001年版。

[德] 哈贝马斯：《交往行为理论》（第1卷·行为合理性与社会进化），曹卫东译，上海世纪出版集团、上海人民出版社2004年版。

[德] 哈贝马斯：《交往与社会进化》，张博树译，重庆出版社1989年版。

[德] 哈贝马斯：《理性公共运用下的调解》，载罗尔斯等《政治自由主义：批判与辩护》，万俊人等译，广东人民出版社2003年版。

[德] 哈贝马斯：《认识与兴趣》，郭官义、李黎译，学林出版社1999年版。

[德] 哈贝马斯：《现代性的哲学话语》，曹卫东等译，译林出版社2004年版。

[德] 海德格尔：《海德格尔选集》（下卷），孙周兴选编，上海三联书店1996年版。

[德] 海德格尔：《面向思的事情》，陈小文、孙周兴译，商务印书馆1999年版。

[德] 黑格尔：《法哲学原理》，范扬、张企泰译，商务印书馆1961年版。

[德] 黑格尔：《小逻辑》，贺麟译，商务印书馆1980年版。

[德] 黑格尔：《哲学史讲演录》（第2卷），贺麟、王太庆译，商务

印书馆 1960 年版。

［德］黑格尔：《哲学史讲演录》（第 4 卷），贺麟、王太庆译，商务印书馆 1978 年版。

［德］加达默尔：《哲学解释学》，夏镇平、宋建平译，上海译文出版社 1994 年版。

［德］卡西尔，《人论》，甘阳译，上海译文出版社 2004 年版。

［德］康德：《道德形而上学原理》，苗力田译，上海世纪出版集团、上海人民出版社 2002 年版。

［德］康德：《法的形而上学原理——权利的科学》，沈叔平译，商务印书馆 1991 年版。

［德］康德：《历史理性批判文集》，何兆武译，商务印书馆 1990 年版。

［德］康德：《判断力批判》，邓晓芒译，人民出版社 2002 年版。

［德］康德：《实践理性批判》，邓晓芒译，人民出版社 2003 年版。

［德］兰德曼：《哲学人类学》，阎嘉译，贵州出版集团、贵州人民出版社 2006 年版。

［德］鲁道夫·奥伊肯：《生活的意义与价值》，万以译，上海译文出版社 1997 年版。

［德］马克斯·舍勒：《资本主义的未来》，罗悌伦等译，生活·读书·新知三联书店 1997 年版。

［德］齐美尔：《金钱、性别、现代生活风格》，顾仁明译，学林出版社 2000 年版。

［德］韦伯：《经济与社会》（上卷），林荣远译，商务印书馆 1997 年版。

［德］韦伯：《学术与政治》，冯克利译，生活·读书·新知三联书店 1998 年版。

［法］保尔·拉法格：《思想起源论》，王子野译，生活·读书·新知三联书店 1963 年版。

［法］笛卡尔：《谈谈方法》，王太庆译，商务印书馆 2000 年版。

[法] 贡斯当：《古代人的自由与现代人的自由》，阎克文、刘满贵译，上海世纪出版集团、上海人民出版社2003年版。

[法] 卢梭：《论人类不平等的起源和基础》，李常山译，商务印书馆1962年版。

[法] 卢梭：《社会契约论》，何兆武译，商务印书馆2003年版。

[法] 托克维尔：《论美国的民主》（下卷），董果良译，商务印书馆1988年版。

[古罗马] 西塞罗：《论共和国·论法律》，王焕生译，中国政法大学出版社1997年版。

[古希腊] 柏拉图：《柏拉图全集》（第2卷），王晓朝译，人民出版社2003年版。

[古希腊] 柏拉图：《理想国》，郭斌和、张竹明译，商务印书馆1986年版。

[古希腊] 亚里士多德：《尼各马科伦理学》，苗力田译，中国社会科学出版社1999年版。

[古希腊] 亚里士多德：《亚里士多德全集》第8卷，苗力田译，中国人民大学出版社1994年版。

[古希腊] 亚里士多德：《亚里士多德全集》第9卷，颜一、秦典华译，中国人民大学出版社1994年版。

[古希腊] 亚里士多德：《政治学》，吴寿彭译，商务印书馆1965年版。

[加] 查尔斯·泰勒：《自我的根源：现代认同的形成》，韩震等译，译林出版社2001年版。

[加] 泰勒：《现代性之隐忧》，程炼译，中央编译出版社2001年版。

[加] 威尔·金里卡：《当代政治哲学》（下），刘莘译，上海三联书店2004年版。

[美] 阿伦特：《人的条件》，竺乾威等译，上海人民出版社1999年版。

[美] 贝思·J. 辛格：《实用主义、权利和民主》，王守昌、王海泉、

李伟中译，上海译文出版社 2001 年版。

［美］博登海默：《法理学：法律哲学与法律方法》，邓正来译，中国政法大学出版社 2004 年版。

［美］布莱恩·巴里：《正义诸理论》，孙晓春、曹海军译，吉林人民出版社 2004 年版。

［美］查尔斯·霍顿·库利：《人类本性与社会秩序》，包凡一、王源译，华夏出版社 1999 年版。

［美］查特尔·墨菲：《政治的回归》，王恒等译，江苏人民出版社 2001 年版。

［美］丹尼尔·贝尔：《社群主义及其批评者》，李琨译，生活·读书·新知三联书店 2002 年版。

［美］德沃金：《认真对待权利》，信春鹰等译，中国大百科全书出版社 1998 年版。

［美］德沃金：《至上的美德：平等的理论与实践》，冯克利译，江苏人民出版社 2003 年版。

［美］汉密尔顿、杰伊、麦迪逊：《联邦党人文集》，程逢如、在汉、舒逊译，商务印书馆 1980 年版。

［美］卡尔·J. 弗里德里希：《超验正义：宪政的宗教之维》，周勇、王丽芝译，生活·读书·新知三联书店 1997 年版。

［美］李普塞特：《一致与冲突》，张华青等译，上海人民出版社 1995 年版。

［美］列奥·施特劳斯、约瑟夫·克罗波西：《政治哲学史》（上），李天然译，河北人民出版社 1998 年版。

［美］列奥·施特劳斯：《自然权利与历史》，彭刚译，生活·读书·新知三联书店 2003 年版。

［美］罗伯特·贝拉等：《心灵的习性：美国人生活中的个人主义与公共责任》，翟宏彪、周穗明、翁寒松译，生活·读书·新知三联书店 1991 年版。

［美］罗尔斯：《道德哲学史讲义》，张国清译，上海三联书店 2003

年版。

［美］罗尔斯：《正义论》，何怀宏、何包钢、廖申白译，中国社会科学出版社1988年版。

［美］罗尔斯：《政治自由主义》，万俊人译，译林出版社2000年版。

［美］罗尔斯：《作为公平的正义》，姚大志译，上海三联书店2002年版。

［美］麦金太尔：《德性之后》，龚群、戴扬毅译，中国社会科学出版社1995年版。

［美］麦金太尔：《谁之正义？何种合理性》，万俊人、吴海针、王今一译，当代中国出版社1996年版。

［美］诺齐克：《无政府、国家与乌托邦》，何怀宏等译，中国社会科学出版社1991年版。

［美］庞德：《通过法律的社会控制——法律的任务》，沈宗灵、董世忠译，商务印书馆1984年版。

［美］乔·萨托利：《民主新论》，冯克利、阎克文译，东方出版社1993年版。

［美］桑德尔：《自由主义与正义的局限》，万俊人等译，译林出版社2001年版。

［美］沃尔泽：《正义诸领域：为多元主义与平等一辩》，褚松燕译，译林出版社2002年版。

［美］约翰·凯克斯：《反对自由主义》，应奇译，江苏人民出版社2003年版。

［伊朗］拉明·贾汉贝格鲁：《伯林谈话录》，杨祯钦译，译林出版社2002年版。

［英］阿克顿：《自由与权力》，侯健、范亚峰译，商务印书馆2001年版。

［英］安东尼·阿巴拉斯特：《西方自由主义的兴衰》，曹海军译，吉林人民出版社2004年版。

［英］鲍曼：《共同体》，欧阳景根译，江苏人民出版社2003年版。

[英] 鲍桑葵：《关于国家的哲学理论》，汪淑钧译，商务印书馆 1995 年版。

[英] 波普尔：《开放社会及其敌人》（第 1 卷），陆衡等译，中国社会科学出版社 1999 年版。

[英] 伯林：《自由论》，胡传胜译，译林出版社 2003 年版。

[英] 戴维·米勒：《社会正义原则》，应奇译，江苏人民出版社 2001 年版。

[英] 葛德文：《政治正义论》（第一、二、三卷），何慕李译，商务印书馆 1980 年版。

[英] 哈耶克：《法律、立法与自由》（一、二、三卷），邓正来等译，中国大百科全书出版社 2000 年版。

[英] 哈耶克：《个人主义与经济秩序》，邓正来译，生活·读书·新知三联书店 2003 年版。

[英] 哈耶克：《通往奴役之路》，王明毅、冯兴元等译，中国社会科学出版社 1997 年版。

[英] 哈耶克：《自由秩序原理》（上、下），邓正来译，生活·读书·新知三联书店 1997 年版。

[英] 霍布斯：《利维坦》，黎思复、黎廷弼译，商务印书馆 1985 年版。

[英] 昆廷·斯金纳：《近代政治思想的基础》（上卷），奚瑞森、亚方译，商务印书馆 2002 年版。

[英] 昆廷·斯金纳：《自由主义之前的自由》，李宏图译，上海三联书店 2003 年版。

[英] 拉斯基：《思想的阐释》，张振成等译，贵州人民出版社 2001 年版。

[英] 莱斯诺夫：《二十世纪的政治哲学家》，冯克利译，商务印书馆 2001 年版。

[英] 罗素：《西方哲学史》（上卷），何兆武、李约瑟译，商务印书馆 1963 年版。

［英］罗素：《西方哲学史》（下卷），马元德译，商务印书馆1976年版。

［英］洛克：《政府论》（下篇），叶启芳、瞿菊农译，商务印书馆1964年版。

［英］麦考密克、［奥］魏因贝格尔：《制度法论》，周叶谦译，中国政法大学出版社2004年版。

［英］麦克里兰：《西方政治思想史》，彭淮栋译，海南出版社2003年版。

［英］梅因：《古代法》，沈景一译，商务印书馆1959年版。

［英］米勒、波格丹诺：《布莱克维尔政治学百科全书》，邓正来译，中国政法大学出版社2002年版。

［英］密尔：《论自由》，许宝骙译，商务印书馆1959年版。

［英］潘恩：《潘恩选集》，马清槐等译，商务印书馆1981年版。

［英］史蒂文·卢克斯：《个人主义：分析与批判》，朱红文、孔德龙译，中国广播电视出版社1993年版。

［英］斯密：《国民财富的性质和原因的研究》（上卷），郭力大、王亚南译，商务印书馆1972年版。

［英］休谟：《人性论》（上、下卷），关文运译，商务印书馆1980年版。

［英］休谟：《休谟政治论文选》，张若衡译，商务印书馆1993年版。

［英］亚当·佛格森：《道德哲学原理》，孙飞宇、田耕译，上海世纪出版集团、上海人民出版社2003年版。

［英］亚当·弗格森：《文明社会史论》，林本椿、王绍祥译，辽宁教育出版社1999年版。

［英］约翰·格雷：《自由主义》，曹海军等译，吉林人民出版社2005年版。

（四）报纸期刊

包利民：《西方政治伦理哲学中的一种理想主义——柏拉图与罗尔斯合论》，《河北学刊》2001年第1期。

曹典顺：《个人与社会分离的哲学旨趣》，《学海》2006年第5期。

陈伟：《共和主义的自由观念——试论昆廷·斯金纳的共和主义思想史研究》，《南京社会科学》2004年第7期。

陈赟：《从仁爱到正义：道德中心词语的现代转换及其困境》，《人文杂志》2004年第4期。

丛日云：《消极国家观：从基督教到古典自由主义》，《浙江学刊》2002年第2期。

崔宜明：《德性论和规范论》，《华东师范大学学报》（哲学社会科学版）2002年第3期。

戴茂堂：《人性的结构与伦理学的诞生》，《哲学研究》2004年第3期。

邓晓芒：《西方伦理中的善》，《社会科学战线》2001年第5期。

［法］费迪耶等：《晚期海德格尔的三天讨论班纪要》，《哲学译丛》2001年第3期。

高国希：《当代西方的德行伦理学运动》，《哲学动态》2004年第5期。

高懿德、张益刚：《论"霍布斯的秩序问题"》，《齐鲁学刊》2001年第3期。

龚群：《从主体哲学到交互主体哲学——后形而上学的哲学方法论问题》，《社会科学战线》2002年第2期。

顾肃：《当代自由主义对社群主义理论挑战的回应》，《哲学动态》2002年第11期。

顾肃：《评社群主义的理论诉求》，《江海学刊》2003年第3期。

顾肃：《评社群主义对自由主义的理论挑战》，《厦门大学学报》（哲学社会科学版）2003年第6期。

顾肃：《全面认识个人与社群的关系——评自由主义与社群主义的争论》，《南京大学学报》（哲学·人文科学·社会科学）2001年第2期。

韩震：《人类：社群地追求自由的生成性存在》，《河北学刊》2005年第 2 期。

韩震：《生成的存在：人类实践本体论》，《江海学刊》2002 年第 4 期。

贺来：《价值个体主义与道德合理性基础的重构》，《吉林大学社会科学学报》2005 年第 2 期。

贺来：《价值秩序的颠倒与现代社会的命运》，《吉林大学社会科学学报》2003 年第 6 期。

贺来：《论马克思实践哲学的政治意蕴》，《哲学研究》2007 年第 1 期。

黄克剑：《"正"、"义"与"正义"——中西人文价值趣求之一辨》，《福建论坛·人文社会科学版》2002 年第 2 期。

霍桂桓：《论实践的主体超越性》，《哲学研究》2005 年第 1 期。

贾英建：《马克思现代性批判的理论旨趣及其变革实质》，《哲学研究》2005 年第 9 期。

李波：《法·法治与宪政》，《开放时代》2003 年第 5 期。

李德顺、余涌：《法治与"德治"》，《广东社会科学》2003 年第 2 期。

李小科：《现代西方政治哲学视野中的和谐社会》，《中共中央党校学报》2005 年第 2 期。

廖申白：《论西方主流正义概念发展中的嬗变和综合》（下），《伦理学研究》2003 年第 1 期。

廖申白：《西方正义概念：嬗变中的综合》，《哲学研究》2002 年第 11 期。

林剑：《论马克思实践唯物主义人学理论的深刻革命》，《哲学研究》2006 年第 9 期。

刘擎：《反思共和主义的复兴：一个批判性的考察》，《学术界》2006 年第 4 期。

刘晓：《政治哲学初探》，《政治学研究》2000 年第 3 期。

刘训练：《共和主义与自由主义：一个思想史的考察》，《学海》2006

年第 5 期。

卢少鹏：《马基雅维利的共和主义自由观》，《华东师范大学学报》（哲学社会科学版）2006 年第 1 期。

[美] 麦金太尔：《不可公度性、真理和儒家及亚里士多德主义者关于德性的对话》，《孔子研究》1998 年第 4 期。

石元康：《自由主义与现代社会》，《开放时代》2003 年第 1 期。

万俊人：《从政治正义到社会和谐——以罗尔斯为中心的当代政治哲学反思》，《哲学动态》2005 年第 6 期。

万俊人：《"德治"的政治伦理视角》，《学术研究》2001 年第 4 期。

万俊人：《关于政治哲学几个基本问题研究论纲》，《天津社会科学》2004 年第 5 期。

万俊人：《"和谐社会"及其道德基础》，《马克思主义与现实》2005 年第 1 期。

万俊人：《罗尔斯的政治哲学遗产》（上），《马克思主义与现实》2006 年第 1 期。

王南湜：《实践哲学视野中的社会正义问题——一种复合正义论论纲》，《求是学刊》2006 年第 3 期。

王天成：《至善、自由与生命》，《天津社会科学》2001 年第 4 期。

吴育林：《简论"实践主体"及其品质》，《哲学研究》2006 年第 9 期。

吴倬：《人的社会责任与自我实现》，《清华大学学报》（哲学社会科学版）2000 年第 1 期。

习近平：《决胜全面建成小康社会夺取新时代中国特色社会主义伟大胜利——在中国共产党第十九次全国代表大会上的报告》，《人民日报》2017 年 10 月 28 日第 2 版。

习近平：《在布鲁日欧洲学院的演讲》，《人民日报》2014 年 4 月 2 日第 2 版。

肖群忠：《规范与美德的结合：现代伦理的合理选择》，《西北师大学报》（社会科学版）1999 年第 5 期。

徐友渔：《当代西方政治哲学中的若干新问题和新动向》（下），《国外社会科学》2003年第1期。

杨耕：《马克思哲学与"生存论转向"》，《哲学研究》2001年第12期。

杨国荣：《道德与社会整合》，《天津社会科学》2001年第5期。

杨国荣：《道德自我与自由》，《社会科学》2002年第1期。

杨育民：《德性与制度化规则》，《人文杂志》2002年第2期。

俞可平：《当代西方社群主义及其公益政治学评析》，《中国社会科学》1998年第3期。

俞吾金：《论马克思对西方哲学传统的扬弃》，《中国社会科学》2001年第3期。

张传有：《人类自我道德确证的历史——伦理学史新论》，《学术月刊》2004年第4期。

张国清：《以赛亚·伯林自由主义宪政思想批判》，《江苏行政学院学报》2005年第1期。

张曙光、戴茂堂：《价值的存在论研究》，《北京师范大学学报》（社会科学版）2006年第5期。

张曙光：《价值论研究：问题与出路》，《华中科技大学学报》（人文社会科学版）2002年第4期。

张曙光：《人的自我中心与理性》，《学习与探索》2006年第1期。

张曙光：《生命及其意义——人的自我寻找与发现》，《学习与探索》1999年第5期。

张小玲、应奇：《徘徊于社群主义与共和主义之间——以桑德尔对权利自由主义的批判为例》，《浙江学刊》2006年第4期。

赵敦华：《论马克思主义哲学的中间原理——批判性自由理论》，《吉林大学社会科学学报》2005年第5期。

赵汀阳：《关于自由的一种存在论观点》，《世界哲学》2004年第6期。

郑杭生、杨敏：《个人的当代形貌：社会化理论的世纪挑战——人的主体性的新发展与以人为本的时代源泉》,《河北学刊》2006 年第 3 期。

中国共产党第十七届中央委员会:《中共中央关于深化文化体制改革、推动社会主义文化大发展大繁荣若干重大问题的决定》,《人民日报》2011 年 10 月 26 日第 1 版。

周保巍:《"自由主义"的自由与"共和主义"的自由——苏格兰启蒙运动中的观念冲突》,《华东师范大学学报》(哲学社会科学版) 2006 年第 1 期。

周枫:《列奥·施特劳斯为什么以及怎样批评卡尔·施米特》,《同济大学学报》(社会科学版) 2005 年第 3 期。

周枫:《自由主义的道德处境》,《福建论坛·人文社会科学版》2004 年第 1 期。

外文部分

Alasdair MacIntyre (ed.), *Communitarianism: A New Public Ethics*, Belmont, California: Wadsworth Publishing Company, 1994.

Brian Barry, *Liberty and Justice: Essays in Political Theory*, Oxford: Clarenden Press, 1991.

Joel Feinberg, *Rights, Justice and the Bounds of Liberty: Essays in Social Philosophy*, Princeton NJ: Princeton University Press, 1980.

John Morton Blum, *Liberty, Justice, Order: Essays on Past Politics*, New York: Norton, 1993.

J. P. Day, *Liberty and Justice*, London: Croom Helm, 1987.

Raphael, *Justice and Liberty*, London: Athlone Press, 1980.

William Galston, *Justice and the Human Good*, Chicago: University of Chicago Press, 1980.

W. Kymlicka, "Liberal Individualism and Liberal Neutrality", in Shlomo Avneri and others (eds.), *Communitarianism and Individualism*, London: Oxford University Press, 1992.

后　　记

　　本书的主体部分是我的博士学位论文《在权利与德性之间——两种正义伦理的对峙及其出路》，是笔者立足于马克思主义实践哲学对当代政治哲学中自由主义与社群主义正义伦理之争进行研究的一个初步成果。在书中，笔者试图论证：以亚里士多德为代表的德性伦理（社群主义）正义论是一种思辨的客体形而上学；以康德为代表的权利伦理（自由主义）正义论则是一种先验的主体形而上学。两者对人与社会之间关系的看法都是片面的，都不可能合理地解释人类的道德生活。与之相对照，马克思主义通过其实践哲学摒弃了西方政治哲学中的各种抽象的形而上学预设，实现了对实体形而上学思维方式的批判，进而使得正义真正成为可能。当然，无论是对马克思主义实践哲学的深度研究，抑或是对当代西方政治哲学中的自由主义与社群主义之争的系统评判，都是宏大而复杂的现代性课题，远非这一本小书所能完全实现。因此，本书无意建构马克思主义正义伦理的学术体系，也不可能对自由主义与社群主义正义伦理的争论进行全面的研究，而是仅仅涉足上文所提及的有限目标，以期抛砖引玉，并得到专家、学者及其他学界同人的批评指正。

　　在学位论文的写作与修改过程中，我的导师袁贵仁教授花费了大量的时间与精力。导师的悉心指导与不倦教诲令我受益终生，谨在此对导师致以深深的谢意与敬意！在论文的评阅与答辩过程中，李景源研究员、丰子义教授、郭湛教授、韩庆祥教授、马俊峰教授、韩震教授、杨耕教授和张曙光教授均给予了中肯的评价并提出了重要的修改意见，在此表示由衷的感谢！论文的写作也得到了北京师范大学哲学与社会学学院的王成兵教授、朱红文教授、吴向东教授、沈湘平博士及李晓东博士所提供的倾力帮助与支持，在此一并表示衷心的感谢！最后，中国社会科学出版社的王琪女士为编辑拙作付出了艰辛的劳动，借书稿付梓之机表示真诚的谢意！

夏庆波

2018年6月